戦後責任

アジアのまなざしに応えて

戦後責任

アジアのまなざしに応えて

内海愛子
大沼保昭
田中　宏
加藤陽子

岩波書店

はしがき

大沼保昭

「戦後責任」て、わかります？

「え、それって何ですか？」「何をいまさら。戦後もう何年経ったと思ってんの？」

「戦後責任」ということばへの日本社会の反応は、まずこの二つが多数派で、しかも前者がはるかに多いのではなかろうか。わたしが教える学生も、大方「それ、何ですか？」派である。

他方、戦後責任に関連するテーマには、二一世紀の今日でも生々しい政治問題としてメディアを賑わし、日本でも中国や韓国でも激しい反応を引き起こす問題が名を連ねている。靖国神社への閣僚の参拝。日本軍が多数の中国市民を虐殺した「南京事件」。第二次大戦中の旧日本軍の「慰安婦」問題。これらの一切がかかわる「歴史認識」とそれをいかに教育に反映させるかという「教科書問題」。これらにかかわる被害者・被害国への謝罪や賠償、償いの問題などである。

実際、「靖国」問題や「慰安婦」問題などは、二一世紀になっても、総理の靖国参拝、尖閣や竹島などの領土問題、政治家の発言や中国、韓国での裁判判決などをきっかけに、しばしば再燃している。そのたびに中国や韓国では反日感情が高まり、日本ではそれへの反発から反中・反韓（あるいは嫌中・嫌韓）感情が高まる。欧米や東南アジアでは、こうした報道がなされるたびに、「戦争責任を認めようとせず、謝罪もしていない日本」という不正確な日本イメージが一人歩きし、日本への批判がくりかえされる。ドイツを除いて自分たち自身日本よりもっと過去の植民地支配や帝国主義的政策への反省に乏しい英仏や米国などの欧米諸国までが日本を批判するのは偽善的で不愉快な話だが、現実にはそうした光景がくりかえし見られる。

これらの問題の中で、「慰安婦」や強制連行労働者など、日本政府・軍・企業の行為によるアジア諸国や旧連合国の被害者にかかわる問題について、日本および韓国、中国を含む関係国の政府は、サンフランシスコ平和条約、日韓請求権協定などの条約や日中共同声明などで「解決済み」としてきた（こうした条約等がない北朝鮮については問題は残っている）。日本政府の立場は今日も変わらない。これに対して、中国や韓国の政府の立場は微妙である。当初は「解決済み」としてきた両国政府だが、その後徐々に日本政府に何らかの行動をとることを求めるようになり、その傾向は二一世紀にさらに強まっている。こうした変化の背後には、国内・国際政治における「人権の主流化」と、独裁から民主主義体制への世界的な「民主化」の流れがある。

本書が扱う「慰安婦」や強制連行労働者の問題を日韓両国が「解決」したとされるのは一九六五年の日韓請求権協定、日中では一九七二年の日中共同声明である。在日韓国・朝鮮人問題の根源をなす彼・彼女らの日本国籍剝奪措置はさらに古く一九五二年、サハリン残留朝鮮人の運命を決めた米ソ引き揚げ協定における引き揚げ者からの朝鮮人の排除は一九四六年のことである。当時、日本政府にも、問題にかかわった関係国政府にも、こうした問題を人権の観点から捉えるという発想は皆無であり、これらの問題は解決というより処理されたのである。「戦後処理」ということばはこうした発想を引きずっている。政府やメディアがこうしたことばを今も平気で使っていること自体、日本政府と社会の問題性をあぶり出しているともいえる。

もっとも、日韓請求権協定による植民地支配問題の「解決」で、日本は韓国に当時のまだ貧しかった日本としては巨額の五億ドルの有償・無償経済協力を行った。また、七二年の日中国交正常化の際、中国は日本への戦争賠償の請求を放棄したが、日本軍に厖大な数の国民が殺害され、国土を蹂躙された国として信じがたいこの(寛大な)決断に対して、日本は賠償放棄への事実上の見返りとして中国に長期間莫大な経済協力を行った。ただ、こうした事実は韓国・中国国民には――日本国民にも――ほとんど知られていない。また、そうした日本の経済協力が具体的な被害者個々人に戦争や植民地支配にかかわる補償として支払われたわけでもない。それは中韓など、日本の経済協力を受け取った国々の政府の問題である。さらに、一九六五年と七二年に日本政府とこれらの問題を「解決」した韓国と中国の政府は、片や軍事、片や共産党の独裁政権だった。このため日本と両国との「国交正常化」を、国民の意思を無視したものと批判・非難する声は、――民主化された韓国では公然と、日中国交正常化を実現した毛沢東と周恩来への崇拝と共産党独裁が続く中国でも当局の目を盗んでネット上で――両国内で強まっている。

国際法の観点からいえば、ある国の国内体制の変革はその国が当事国である条約に影響を及ぼすものではない。国家体制が変わるたびに条約で取り決めた問題を蒸し返すのではおよそ国際関係が成り立たないから、この原則には合理性がある。ただ、「人権の主流化」と「民主化」は中韓だけにかかわる動きではない。それは二〇世紀後半から始まり、今世紀に引き継がれ、ますます増大する世界的な趨勢である。本書が扱うような問題を被害者の人権問題として捉え、正義の観点、法の発展という観点から事後的に捉え直すべきだという考えは、欧州人権裁判所が先導し、米州人権裁判所もそれに続き、学説上もそうした解釈が増大するなど、世界的に着実に強まっている。

こうした趨勢の中で、二〇一一年八月には韓国の憲法裁判所が、韓国の元「慰安婦」問題の解決を求めて日本との紛争解決に踏み出さない韓国政府の不作為は憲法違反であるという決定を下した。それを受けて韓国政府は日本政府に協議を求めたが、日本政府は再協議には消極的だった。これに対して韓国内には、「「慰安婦」問題という人間の尊厳を根底から傷付けた行為について日韓請求権協定で解決済みという法的議論に隠れて正面から向きあおうとしない日本」への強い反感と批判が見られる。逆に日本国内の一部には、「「慰安婦」問題という解決済みの問題をくりかえし持ち出す韓国」への反発が見られる。

日本軍「慰安婦」問題に一九九〇年代からかかわり、戦後責任に関する諸問題には六〇年代末からかかわってきて、韓国のあまりに頑なな姿勢、日本側の努力に対する無理解に失望してきたわたしには、多くの日本国民の韓国への反発は十分理解できるものである。「いい加減にして欲しい」という反応には無理からぬものがあると思う。しかし、自分が仮にそうした立場におかれたならば、と考えてみれば、元「慰安婦」をはじめとする被害者や遺族の方々が「許せない」という日本への深い恨み、二一世紀の今もなお消し去れない怨念を抱えておられることもまた、理解できる気がする——あなたなんかに何がわかるものか、と被害者の方に言われてしまえば、それに返すことばはないのだけれど。

一〇年以上も前、二〇世紀の終わりを目の前に、中曽根康弘、野中広務など、戦後自民党政権の権力の中枢にいながら日本とアジア諸国の関係を真面目に憂慮していた政治家の何人かが、二〇世紀に日本が引き起こし、戦後もずーっと引きずってきたこれらの問題を二〇世紀中に解決すべきだ、という考えを語り、実際にそういう動きを見せたことがあった。わたしは、真の保守主義の知恵——近年右翼的な論壇でかまびすしい「保守」の論客は、保守主義の知恵と無縁の単なる反動、煽動家である——をもつこうした政治家の言動を高く評価しつつ、その頃までですでに三〇年以上そうした問題にかかわってきた者として、おそらくそれは無理で、二一世紀に持ち越されることになるだろうなあ、と考えていた。そのわたしの予測は——残念ながら——あたってしまった。

「いい加減にして欲しい」という日本側の気持ちが、中国や韓国の批判に応えて一九八〇年代以降日本政府と国民が積み重ねて来た努力からすればある程度無理からぬものであったとしても、それは被害国たる中国や韓国の国民には容易にわかってもらえない気持ちなのである。しかも、わかってくれないのは中国や韓国だけではない。欧米や東南アジアでも、日本はあれほど素晴らしい先進国で経済大国なのに、ことこの問題になるとなぜこんなにダメなのかという声は、根強いものがある。しかも右に述べたように、戦争や植民地支配の被害者の訴えに、法の安定性を多少犠牲にしても耳を傾けようというのは、今後ますますその傾向が強まるだろう世界の潮流なのである。

こうした現実の中で、「戦後責任」ということばが若い世代になじみがなく、その思想が日本社会でマイナーなものであったとしても、「戦後責任」がかかわる問題群は、二一世紀の日本にとって身をかわして済ますことができないものである。それは、経済・政治・軍事・文化いずれの面でもきわめて密接なかかわりをもち、お互いに引っ越しができない隣国の中国と韓国との良好な関係を維持する上で、また国際社会で尊敬される国家・国民として日本(国民)が生きていく上で、どうしても日本国民が考え、対処しなければならない問題である。現実の被害者の方々が亡くなっても、歴史の記憶は継承され、何かの事件をきっかけに感情的反発として噴出するからである。さらにまた、「戦後責任」は、日本国民が一九三一年から四五年までの戦争と過去の植民地支配という歴史をどのように総括し、将来への教訓としていくかという、日本国民のアイデンティティのあり方に深くかかわる問題である。中国や韓国へのわたしたちの反発も、そして反省も、日本の近現代史をいかに捉え、何を国民の誇りとし、何を過ちとして未来への糧とするかという根本的な問題の一環として考えるべきなのである。

こうした多様な問題と論点を含む「戦後責任」ということばは、一九五〇年代にまず少数のキリスト者たちが、そして吉本隆明と武井昭夫が使ったものだった。しかし、それが今日一般に考えられるようなかたちで、とくに脱亜入欧信仰が強く、アジアを忘れがちな日本社会への自己反省を迫るものとして育まれ、定着したのは、アジアからの視線を受けとめ、それに応えるという意識をもって行われた一九七〇年代からの市民運動においてであった。内海、大沼、田中は、具体的な学問と運動はすこしずつ異なるそれぞれの立場に立ちながら（その違いは本書にも随所にみられる）、その基本的な問題意識と姿勢を共有し、さまざまな運動を共に担うというかたちでその現場に居合わせてきた。

本書は当初、雑誌『世界』で二〇〇三年一月号から九月号まで掲載された「連続討論 戦後責任」の単行本版として考えていたものだった。この連続討論には、わたしたち三人に加えて、東京裁判、BC級戦犯裁判、在日韓国・朝鮮人問題などを研究対象とする代表的な学者の方々、作家の井上ひさし、ノンフィクション作家の保阪正康、ジャーナリストの本多勝一、弁護士の高木健一、政治家の後藤田正晴、五十嵐広三（以上敬称略）など、多くの優れた方々が参加しており、わたしとしてはそのかたちを維持したまま整理・編集して単行本化することを考えていた。しかし、出版社側は、参加者があまりに多数・多様であることから、『世界』の連続討論を微調整して出版するのでなく、連続討論の中心だった内海、田中、大沼の三人の鼎談・討議のかたちで新たな本作りをして欲しい、との意向だった。

わたしたち三人としては、参加していただいた方々の発言を活かしたいという気持ちが強かったが、他方参加者が多すぎて単行本としては焦点が定まらないという危惧ももっともと思えた。さらに、戦後責任を、アジアからの視線を受けとめ、それに応えるという意識をもって市民運動の中で育まれ定着した、実践を伴う思想と捉える限り、内海、大沼、田中の三人が「戦後責任」という思想の準備期から揺籃期を経て日本社会に定着し、逆にさまざまな反発・批判を受ける時期まで一貫してその現場、あるいは渦中にいたことは否定できない。その三人が「戦後責任」とはいかなる思想と実践であるのかを、失敗や挫折も多々あった経験も含めて、二一世紀の日本を担っていく市民の方々、政治家、官僚、外交官、ジャーナリスト、企業人、NGOなど、広範な方々に伝えるのは、それなりに意味があるかも知れないとも考えた。ただ、三人は一九七〇年代から、取り組む問題と主張はかなり異にしつつ、共にさまざまな市民運動に参加してきた仲間であり、その三人の鼎談・討議では「仲間内の議論」に堕しかねない。それでは公にされる著作として好ましくない。

そこで、三人とは個人的にまったく関係のない優れた歴史学者が司会兼インタビュアーの役割を務め、三人の鼎談・討議に第三者的な客観性を付与して下さるなら、という条件で出版社の案に同意して本を編むことにした。その役割を引き受けて下さったのが、今日最も活躍している現代史学者のひとりである加藤陽子教授だった。加藤教授は、「断られるだろうけど、ダメモトで」とお願いした出版社とわたしたち三人が、「こんなに貴重なお時間をとっていただいて良いのだろうか」と思うくらい周到に三人の著作を読み、三人がかかわってきた問題とそれにかかわる実践、運動を研究し、それを幅広い同時代史に位置付けるという、歴史学者として見事な役割をはたして下さった。三人が当初「関係ないでしょう」と強く抵抗した個人史まで同時代の社会史として意味があるとして収録し、遺骨の返還の問題まで採り上げたのは、歴史学者としての加藤教授の強い示唆・主張によるところが大きい。貴重な研究時間を犠牲にして理想的な司会兼インタビュアー役を務めて下さった加藤教授に、内海、田中、大沼を代表して心から感謝の念をささげたい。

なお、本書をまとめ上げる過程では、内海、田中、大沼の意見の違いから三人が激しく対立し、一時は出版の断念も考えた。しかし、三人の違いは違いとして互いに尊重しつつ、三人が受け容れることのできる表現を何とか見出して出版にこぎつけることができた。

最後に、岩波書店においては、小島潔氏が本書の企画段階から出版に至るまで編集業務を担って本書の刊行にこぎつけてくれた。小島氏の尽力がなければ本書が生を享けることはなかっただろう。同じく謝意を表したい。

二〇一四年四月

目　次

装丁＝森　裕昌

序章　なぜ、いま、戦後責任を語るのか

二一世紀に「戦後責任」を考える

加藤　討議の第一回目は「なぜ、いま、戦後責任を語るのか」と題しまして、内海愛子、大沼保昭、田中宏さんのお三方に、お話をうかがいます。まずはわたしの方から、お三方がなさってこられた研究やお仕事について、ごく簡単にご紹介したいと思います。本人を目の前にしての紹介ですので、わたしの認識不足や記憶違いなど、遺憾なく暴露されてしまい、たいへん恐ろしいわけですが(笑)。

内海さんは、社会学を専攻し、その視点から在日朝鮮人問題を考えてこられたなかで、第二次世界大戦中、日本軍軍属として捕虜収容所の監視員とされた朝鮮人のなかにBC級戦犯として裁かれた人々がいると知る。こうして書かれたのが『朝鮮人BC級戦犯の記録』(一九八二年)であり、『キムはなぜ裁かれたのか』(二〇〇八年)です。近年では、日本軍の捕虜虐待について、政府と軍全体を組上に載せることで構造的な要因を分析した『日本軍の捕虜政策』(二〇〇五年)を上梓されました。

大沼さんは、国際法学者として、「平和に対する罪」の形成過程を、戦争違法観と指導者責任観という二つの概念の枠組みに注目することで明らかにした大著『戦争責任論序説』(一九七五年)を書かれた後、サハリン残留朝鮮人の帰還運動や日本軍「慰安婦」問題などの具体的な事案に取り組まれ、その間のお考えや問題の経過などは詳細な記録として『サハリン棄民』(一九九二年)、『「慰安婦」問題とは何だったのか』(二〇〇七年)にまとめられています。

田中さんは、在日コリアンの地位処遇、援護から除外された戦争犠牲者の補償、花岡事件など中国人の強制連行にかかわる問題など、具体的な解決を目指した運動に取り組んでこられた方です。その運動の成果の一端は、『在日外国人　第三版』(二〇一三年)、『戦後六〇年を考える――補償裁判・国籍差別・歴史認識』(二〇〇五年)などから知ることができます。

以上のような紹介でよろしいでしょうか。

さて、こうしてアジアの一員として日本が生きていくことの意味について、早くも六〇年代から説かれ、また、アジアから日本に向けられる視線にどう応えるかを、研究と運動の課題として、それぞれに追求してこられたお三方に、その間の研究や運動の過程について、単なる回顧というのではなく、社会的個人史というかたちで語っていただこうと思います。まず大沼さんにうかがいますが、大沼さんの場合は、「平和に対する罪」への学問的関心ということでは東京裁判が始まりですか。

大沼　わたしにとって、戦争責任と東京裁判についての問題意識は一九六〇年代の終わりごろから一貫してありました。ただ、七〇年代、八〇年代、九〇年代、そして今日と、戦争責任さらには戦後責任というものを考える意味はすこしずつ違っています。

日本の近代は「脱亜入欧」と言われてきましたし、それが戦後、いわば「脱亜入米」体質として定着化した。ところが二一世紀の日本は、経済的には中国とのきわめて濃密な、米国以上の相互依存関係なしには生きてはいけない。さらに文明史的にいえば、日本はそのほとんどの時代を中国の周辺国家として生きてきて、実に多彩な影響を受けてきた。一方、近代以降は逆に日本が中国にとって「師」であって、中国は日本からさまざまな学問、技術、文化、社会のあり方を学んできたわけです。

そういうなかで、日本がアジアの諸民族、とくに中国の人々に膨大な被害を与え、自らも被害を被った一九三一年から四五年の「一五年戦争」、その最終局面の「大東亜戦争」を、わたしたち日本国民はどのように総括してきたのか。あるいは、こなかったのか。この問題は、アジアのなかで日本が生きていくうえで、そしてアジアの人々の視線を日本国民がどう受けとめて生きていくのかという点で、言い換えると、日本のアイデンティティの再構築という観点から、重大な意味を持つことではないか。

中国が日本を超えて世界第二の経済大国になったこの時点で、中国の「力ずく」の外交、行動が目立っている。でも、現在の中国はなぜそのような行動をとるのか？　そこには、アヘン戦争以来の近現代史で、中国が、戦前の欧州列強と日本に半植民地化され、侵略され、戦後の米国に軍事的に包囲され、屈従を強いられてきたというトラウマがあるわけです。こうした理解なしに中国への反感を高めるだけでは、日中関係の再構築もできない。中国の民衆をはじめアジアの人々に多大の犠牲を強いた一九三一年から四五年の戦争の「戦後責任」をあらためて考えるべきではないかと思うわけです。

出入国管理令「改正」反対運動

加藤　いま、大沼さんは、日本のアイデンティティの再構築のためにも、「戦後責任」を考える必要がある、とのお話をされたと思います。一九九一年ごろから戦後補償裁判というものがクローズアップされ、その問題に早くからかかわってこられた内海さんは、この点、どう考えられますか。社会的個人史ということを意識しつつ、語っていただけますか。なお裁判全体の姿という点では、内海さんの書かれた『戦後補償から考える日本とアジア』（改訂版、二〇一〇年）巻末の「戦後補償裁判一覧」が非常に参考になるということを申し添えておきましょう。

内海　戦後補償の問題が裁判というかたちをとって大きく動き出したのは、たしかに九一年からですが、アジアに対する日本の植民地支配の責任や加害責任が議論され始めたのは六〇年代後半からで、七〇年代に入ると大きなテーマになってきました。沖縄返還（一九七二年）、日中国交回復（一九七二年）、ベトナム戦争（一九七五年終結）と、国際関係が大きく変化し、日本企業が韓国、東南アジアへと進出し、「エコノミック・アニマル」と批判され始めたのも七〇年代初めのころからでした。そのなかで、日本がかつて植民地支配や占領、軍政のときに何をしたのか。わたしたちには見えなかった日本の戦争、支配の実態が、アジアの被害者の声を通してわたしたちにも届くようになった。新聞・雑誌などでも特集を組んだり、長洲一二さんが『エコノミスト』に「南進する日本資本主義」という連載論文を書いたのもこのころです。衝撃だったのは、一九七四年、当時の田中角栄首相が東南アジア五ヵ国歴訪のときにタイのバンコクで反日デモがあり、インドネシアのジャカルタでは暴動となってトヨタアストラ社が焼打ちされたことです。七四年の一月一五日です。このころから、かつての「大東亜共栄圏」がわたしたちの視野に入り始めた。

わたしの具体的な運動としては、一九六九年の出入国管理令の「改正」に反対する動きにかかわることから始まりました。国の内と外、国境管理の法律を改革しようとする意図は何か。それを考えて、わたしが『朝鮮研究』(日本朝鮮研究所刊)に最初に書いた文章が「「韓国技術研修生」受け入れ計画」(一九七〇年)です。

早稲田大学に入学した一九六〇年は安保闘争の最終段階で、いわゆる「遅れてきた世代」です。歴史学研究会に入りましたが、早慶六連戦に通いつめたり、サボってばかり……。先輩に怒られながら勉強しましたが、吹っ切れないモヤモヤした思いを残したまま卒業して、教員になりました。

加藤　社会科を教えていらしたんですか。

内海　英語です。迷っているときに藤島宇内さんが編集した『ドキュメント朝鮮人』(一九六五年)を読んで、こんな事実も知らないで大学を卒業したのかとショックを受け、それもあって一年で教師を辞めました。わたしが育ったのは東京の港区三田、慶應大学の近くです。朝鮮人虐殺があったはずですが、地域のなかで誰も言わない。両親は神奈川県の大磯と二宮の出身ですから震災は経験していたのですが、何も知らないようでした。その当時は教科書にもまったく書かれていなかった。

そんなこともあってやり直そうと社会学に編入したのですが、それまで在日朝鮮人問題をテーマにした学生はいなかったようで、指導教授からは「論文のテーマとしてはむずかしい」と言われましたが、その問題をやりたくて編入したので、「自分でやります」と——。

田中　すごいね(笑)。

内海　別に気負っていたわけではなくて、成り行きで……。先生の専門とは違いましたが、早稲田がいいのは自由にやらせてくれて、それを支えてくれたところですね。

大学院に入ったころ「むくげの会」という在日朝鮮女性の聞き書きの会に参加し、それまでほとんど語られることのなかった女性たちの聞き書きをしました。その後は男性の聞き書きもしましたが、時には「日本人なんかに話すことはない」「日本人は信用できない」と拒絶されたり、「論文の材料にするのか」と言われたりもしました。その中で話を聞かせてくれる関係をどうやってつくっていくのか。そのためには日本の朝鮮植民地支配の歴史を学ぶだけでなく、この日本社会に構造化された差別の現実を変えるために何をするのか、生き方が問われていた時代でもありました。

のちの全共闘運動で語られたことを、わたしは在日の人たちから教えられました。研究する自分は何なのか、差別の現実を変えるために役立つ研究でないのなら、話をしてくれた人には何のプラスにもならない。つまり研究が当事者のかかえている現実を変えることに少しでも役立ち、その運動から学んでまた研究をしていく。運動と研究が密接に絡みあって進められなければならないということです。六〇年代後半からのこうした運動が、八〇年代の戦後補償、戦後責任の問題につながっていったと思います。

全共闘・ベトナム戦争・韓国政治犯の助命運動

加藤　大沼さんにとっての六〇年代というのは、どのような感じでしたか。

大沼　わたしは高校が慶應だったので慶應大学にそのまま行って、三ヵ月で予備校へ行くようになり、翌一九六五年に東大に入りました。戦後日本は、日本から独立した韓国・北朝鮮と国交関係がなかったのですが、この六五年は日韓条約締結の年で、学生の間でも反対運動が盛んでしたね。

わたしは山形の古い造り酒屋の生まれで、非常に保守的な家庭環境でした。お隣は在日韓国人のパチンコ屋さんだったんですが、わたしは大学を出るまでその家族が在日韓国人であるということを知らなかった。父親も母親も、わたしの年上のきょうだいたちも何も言わなかったし、学校で話題になることもなかった。だから、そもそも在日韓国・朝鮮人という人たちがいるということ自体、大学生になるまで、およそ知識としても感覚としてもなかった。

ですから、六五年に大学へ入っていちばんビックリしたのは日韓条約反対運動です。東大の駒場はクラスから二人ずつ自治委員を出して自治委員会をつくるんですけれども、わたしは二人の自治委員のうちの一人で、民青(共産党系の青年組織)系や反日共三派全学連系の学生からの働きかけがものすごかった。もう一人の委員もノンセクトで、二人とも自治委員としてはきわめて例外的だったので、すさまじいオルグ工作(民青や全学連系のセクトに加入するように、という働きかけ)を受けたけれども、なんとか踏ん張りました。当時から、わたしはそういう運動のなかで必ず「軟弱派」と言われてきましたね。

内海　わたしの場合は、安保闘争後の組織の混迷や分裂を近くで見ていたので、いつも迷いながら運動に参加しているので「腰が据わっていない」と批判されたこともありました。

大沼　わたしは日韓条約賛成論をぶったんですよ、クラス討論で。

内海　それはわたしの「軟弱」とはちょっと違う。

大沼　わたしは自分なりにずいぶん勉強して、「そりゃあ日韓条約にはいろいろ問題があるだろう。けれども日韓国交正常化で日本は韓国に五億ドルの有償・無償の経済協力を供与することになっている。韓国は非常に貧しい。この経済協力も利用して韓国はきっと豊かになれるだろう。ものごとは総合的に判断すべきだ。日韓条約の問題性はあるにせよ、総体的にはこれは韓国の人民のためになる条約だと思う」と言ったんです。それでクラス討論で猛反発を受けて、自治委員のリコール騒ぎになった。でも支持してくれる学生もいて、何とか自治委員は続けました。

田中　すごいな、それは。

大沼　もう一人の委員も日韓条約賛成で、われわれのクラスは自治委員が二人とも日韓条約賛成という、きわめて例外的なクラスでした。

わたしはそのように保守的で、ものごとを全体的な損得で考えようという発想が強かったのですが、それでも当時の学生ですから、マルクス主義、社会主義に憧れがあって勉強していました。でも、大学三年のころから、どうもソ連の体制というのはおかしい、非常に抑圧的であると考えだすようになった。

内海　スターリニズムの問題ですね。

大沼　そう。わたしがまだ中学生のころだったと思うけど、一九五八年、『ドクトル・ジバゴ』でノーベル文学賞を受けたパステルナークがソ連政府の圧力で受賞を辞退させられた。それは鮮明に記憶に残っていた。さらにソルジェニーツィンの『イワン・デニーソヴィチの一日』が出版されて(一九六二年)、ソ連の体制への疑惑はますますふくらんだ。にもかかわらず、社会党はそれとちゃんと対峙しない。「進歩的文化人」も、そうした問題には口をつぐんでいて、どうも胡散臭い。社会主義がいいみたいなことばっかり言っている。ですから、「進歩的文化人」や社会党・共産党を批判する全共闘的な思想には、全共闘運動以前から親和性がありました。

それからもうひとつ大きかったのはベトナム戦争。これも調べてみると、日本の基地からどんどん爆撃機が飛び立って、空爆を行っているようだ。しかも日本の工場でつくられたナパーム弾を米軍の爆撃機がベトナムに落としてベトナムの人々を殺している。当時のいちばんしんどい問いは、「それを黙って見過ごしている君は共犯じゃないのか」というもので、「うーん」としか言いようがないんですね。当時の学生だからすごく生真面目に考えて、結局、自己否定という全共闘的な思想に行くことになる。

ただ、他方でわたしにはどういうわけかずっとリアリスティックな目があって、全共闘運動華やかなりしころ（一九六八―六九年）も、これは「革命ごっこ」だという評価は一貫して変わらなかった。わたしにとって当時大学紛争よりもはるかに大事な問題は教科書検定問題でした。家永三郎教授の高校の日本史教科書が検定で拒否されたことを争う裁判（一九六五年提訴）に強い関心があった。わたしは、「日本にとって不都合な歴史は子どもたちに教えるべきでない」という文部省の政策はまちがっていると考えて、大学生の仲間を募って一〇人ぐらいの小さな学生組織をつくり、いろいろな高校に出かけて「対抗教育運動」というのをやりました。『チボー家の人々』のなかの、戦争に反対するジャックの言葉とか、『きけわだつみのこえ』の抜粋を謄写版で切ってコピーを作り、高校生に渡して、ホームルームでクラス討論してもらうわけ。当時は学生運動による高校へのオルグが始まっていたころだから、高校の先生方からすごく警戒されてだいぶはじかれたけれども、めげずに大学四年生のころせっせと高校に出かけてましたね。

田中　どこの高校へ行ったんですか？

大沼　東京と故郷の山形、両方でやりました。地元では「虎屋（わたしの実家の屋号）の息子がアカ（共産主義者）になった」と評判になって……。うちの向かいが大沼デパートというデパートで、山形市民がいちばん集まるところなのでその前でマイクを持って演説をやっていたら、おふくろが血相を変えて飛び出してきて、「保昭、それだけはやめてくれ」と（笑）。当時、「母親帝国主義」という言葉があってね。

内海　「虚構の中で母親を殺せ」という言葉もありましたね。「中で」か「中の」かがはっきりしませんが……。

大沼　そうだった？

内海　浅間山荘事件(一九七二年)で、立てこもった学生に向かって母親が投降を呼びかけた。それに対して詩人の鈴木志郎康が言った言葉だと記憶しています。

大沼　要するに母親がいちばん強いわけですよ。子どもは母親に言われると弱い。思想としては正しいと信じていても、言うことを聞かざるを得ない。それで「母親帝国主義」。たしかにわたしも、山形ではその後演説をしなかった(笑)。

内海　その前に一九六八年二月でしたが、金嬉老《キムヒロ》が人質を取って寸又峡に立てこもった事件がありました。事件後に金嬉老のオモニにお話を聞きに行きましたが、豚足の毛をジューッと焼きながら話す姿は、権力などに踊らされないどっしりした存在感があったので、この言葉が記憶に残っています。

大沼　もうひとつ。わたしは一九六九年に大学を卒業したんですが、大学闘争やら何やらで自分の中で思想的に整理できないものが山ほどあって、一年間ぐずぐずしていて、七〇年に東大の助手になったんです。それはちょうど韓国の朴正熙《パクチョンヒ》大統領の時代(一九六三―七九年)で、政治犯にどんどん死刑判決が出ていた時期です。その過程で、朴橧洙《パクノス》と金圭南《キムキュナン》という二人が北朝鮮のスパイだとして死刑判決を受けたのです。二人とも東大留学組だったので、その助命嘆願運動を東大の教授たちがやっていたんですが、わたしが助手になってその運動にかかわってみると、すごくまどろっこしいというか、歯がゆかった。およそ微温的で韓国政府の耳に聞こえそうもないようなことしかやっていなかったものですから、それじゃだめでしょう、運動をもっと組織して発展させ、マスコミも動員してやりましょう、と突き上げたわけです。わたしの指導教授の高野雄一先生がその二人のかつての指導教授でもあったので、高野先生が中心になってやっておられたのですが、助手の分際でかなり運動を組み替えてしまった。高野先生はおとなしい方ですから、「そんなことを言って大丈夫でしょうか」と心配しておられましたけど、まあ大筋で認めてくださった。

その二人の助命運動は二年近く必死にやったのですが、助手職は三年間の任期で、その間にまともな論文を書かないと大学の助教授や講師ポストに就けない。二年目の後半から助手論文書きを始めて、その執筆中に二人の死刑が執行されました。それはわたしにとって深い挫折感というか罪悪感となり、その後の人生の重荷になりました。お二人には一度も会ったことはない。それでも必死に助命運動はやった。ところが、自分が運動から離れて助手論文に専心している間に死刑が執行された……。

加藤　お話の途中でさえぎって申し訳ないのですが、この、朴魯洙と金圭南という二人の名前は、大沼さんの『戦争責任論序説』の扉裏の献辞に載っていますね。こうあります。「本書を／恣意的な国家権力の犠牲となった／朴魯洙／金圭南／両氏の霊に捧げる」と。

大沼　他方でまた、その運動をやっている過程で、ある韓国の方から、「日本人のあなたが助命運動をやってくれるのはありがたいことだけど、しかしこれはわれわれの国の問題だ。日本の国内には在日韓国・朝鮮人という問題があるじゃないか。ひとの国のことに口出しするよりも、まずは自分の足下のことを考えたらどうなんだろう?」というようなことを言われました。このことも、わたしの心に重く残りました。たしかにそうかもしれない、と。

ベトナム反戦運動、反入管闘争、全共闘運動などから受けた影響。社会主義体制への幻滅感とソ連体制の抑圧性を批判しようとしない「進歩的文化人」やマスコミへの不信感。韓国人政治犯の助命運動とその挫折。韓国の人から見ると自分の思想と行動がどう見えるのかという体験。そういった六〇年代末から七〇年代の初めまで考えたこと、体験したことや被った影響が、その後「戦後責任」というかたちで七〇年代から八〇年代に徐々に自分の中から顕われてきた。「戦後責任」という考え方の、何かもやっとしたものを準備したのかなあ、と今にして思います。

アジアに目覚めて

加藤　田中さん、お話の順番は最後になりましたが、年齢的にはいちばんご年長ですね。

田中　わたしは大学を一九六〇年に卒業しましたが、その二年前、五八年二月に、北海道の山中で劉連仁が見つかります。そのときわたしは東京外国語大学の中国科の学生です。はじめは、北海道の山中に雪男がいると報道された。そのうちに、戦争中に中国から強制連行されてきた中国人だったことがわかる。はじめは入管（入国管理局）が密入国罪で取り調べるなどといわれていたのですが、「自分の身分については岸信介がいちばんよく知っている」と言ったんです。岸信介は当時の首相です。あれはたぶん、札幌の華僑総会の席占明さんが教えたんだろうと思うんですが。それにしても、戦時中にそういうことがあったことはまったくわたしは知らなかったので、たいへんなショックを受けました。まもなく『穴にかくれて十四年』という本が出版されます（一九五九年）。六〇年には『世界』も中国人強制連行の小特集を組んでいます。それをわたしは一所懸命読んだ……。

大沼　一九六〇年の特集？　それは早いね。

田中　ええ。そのあと六四年に『草の墓標』という本が出て、劉連仁をはじめ中国人強制連行事件の全貌がだいたい明らかになる。わたしはそれも買って、丹念に読んだのを憶えています。けれども、それはすべて文字の上だけのことで、中国人強制連行の問題にちゃんとかかわるのはずっとあと、一九八七年のことで、戦後補償問題が出てきたときからです。だから大学卒業後、中国との関係がとくに深いわけではない。

同じ五八年の五月には長崎国旗事件が起きて、日中関係はまったく閉ざされてしまいます。長崎国旗事件というのは、長崎市内のデパートで開かれた「中国切手展」に掲げられた中国国旗を右翼が引きずり降ろしたという事件です。東京外語大の中国科は四〇人ぐらいの定員なんだけれども、わたしが卒業した六〇年に、そのまま中国関係に進んだ人というのは、一人は都立大学の大学院で竹内好のところに進学した。それからもう一人は東大の中国文学に進学し、あと一人女性で、日中輸出入組合に就職した人がいました。それ以外はまったく中国と関係ない方面に進んだのです。わたしは、せっかく中国語をやったんだから大学院へ行って勉強しろと尊敬する先輩から言われて、一橋大学の大学院に入るんですが、同期の連中は、三井物産とか三菱商事といった商社に行くのが多かった。しかし当時は、中国とはいっさい商売はできないのです。そのうちに中国と貿易するためにダミー会社がつくられるようになって、そこへ出向したりなどというのも始まりましたけれどね。

内海　田中さんが卒業した六〇年にわたしが大学に入学し、わたしが卒業した年に大沼さんが入学している。そうした時間軸で三人の体験が微妙にずれながらかみ合っていく……。

田中　六〇年の四月に一橋大学の修士に入ったんだけれども、夏休みに指導教官から、「中国へ留学していたインド人学生が帰りに日本に寄るから、おまえちょっとめんどうをみろ」と言われた。わたしは中国語をやっていて、インド人の彼は北京大学へ留学していたから中国語ができたのです。ただ、中国と国交のない六〇年当時のことですから、当然香港経由です。彼はベジタリアンで肉・魚を食べないものだから、えらく苦労したんだけれども、まあ一生懸命世話をした。わたしは岡山出身なので、田舎も見せてやろうと思って岡山に連れて行って、そこで、インド人なんか見たことない村の青年たちと座談会をやったんですよ。

そのときに非常に印象に残っているのは、村人が「日本に来ていちばん驚いたのは何ですか?」と訊いた時のことです。彼が、「天皇が健在で東京のど真ん中にいるというのは非常に驚いた。少なくとも退位しているか、あるいは隠居していると思っていた」と答えたわけ。中国で近代史をやっていた青年ですから、「あなたたちだって天皇の戦争のせいで親をなくしたり、いろいろ苦しい目にあったんじゃないですか?」と言うんです。ところが、みんなきょとんとしている。要するに、全然かみ合わないんですよ。国会へ連れて行くと、六〇年ですから、「樺美智子さんが死んだ南通用門て、どこだ」とか、よく知っているんです。わたしは「ここだ」と教えてやりましたよ。日本の安保反対闘争を北京でさんざん見た直後に日本に来たわけですね。そういう彼を見て、戦争との関係が日本人とてつもなく違うというのをわたしは感じたのです。

六〇年安保の余韻が残るなか、アメリカのアジア、フォード両財団から日本の中国研究に資金が提供される計画が進行していた。若手研究者からAF(アジア、フォードの頭文字)資金反対の火の手があがり、一橋大学での指導教官がこの資金の日本側窓口の一人だったこともあって、わたしは複雑な立場に置かれることになりました。

当時、日本育英会の奨学金と家庭教師のアルバイトで生計を立てていたのですが、こんな話を指導教官からきり出された。「家庭教師のバイトは研究に何の役にも立たない。今度の研究資金による中国近代史研究に関する史料の目録作成の仕事は君の研究にも役立つし、収入にもなるので一挙両得になる」と。わたしはいよいよ「進退谷《きわ》まれり」ということになった。修士二年の終わりごろだから一九六二年一月ごろだったと思います。わたしはアジア文化会館に理事長の穂積五一先生を訪ねました。「指導教官から、アメリカのAF財団の研究資金による仕事をすすめられたが、どうも気がすすまない。その資金で近代中国の研究をすることには抵抗があって……」と言うと、「学生時代と違って、娑婆《しゃば》に出れば、他人の股もくぐらねばならぬこともあるものだが、その話はそうもいえないように思う。この会館でアジアの青年たちとじかに接してみると、アメリカの資金の件は簡単には片づかないように思う。どうだ、会館の仕事をしないか」と言われ、わたしは「渡りに舟」とばかりに、会館の仕事をすることにしたのです。

大学院には一年遅れて一九六三年一月に修士論文を出し、口述試験を受けて修了しました。口述試験の席上、副査の増淵龍夫教授から「せっかくここまでやったのに、なぜ博士課程に進まないのか」と訊かれた。もちろん、その席でアメリカの資金の件を話すことはできないので、後日釈明のため、増淵先生のお宅を訪ねたときに、ＡＦ資金の件もあって進学を断念したと話したら「職場の同僚として、その件は責任を感ずるところはあるが、君が進学を断念したからといって問題がなくなるわけではない。以降、君がどこで何をしようと、避けられない問題をはらんでいることを、忘れないように……」と言われた。この重い一言は、アジア文化会館の仕事をやっていくなかでも尾を引いていたように思います。

なぜ「いまなお」戦後責任を問うのか

加藤　内海さんのお話に、戻らせていただいていいですか。内海さん、先ほど、ちょっと合い間の雑談の折に、自分は、アメリカ軍の占領に対する反発を抱きつつ育った世代である、自らのある種の被害者意識が、アジアの人たちもしくは韓国の民衆への想像力となったのかもしれない、と言われました。そのあたりのことから続けていただけますか。

内海　わたしの場合は、敗戦後の東京で育ちましたから、占領された側の感覚がどこかにある。それが植民地支配とアジアの占領にこだわる感覚にどこかでつながっているのかもしれません。被害を受ける側から問題を考えるという――。そうした思いが、在日朝鮮人差別の問題や朝鮮人元BC級戦犯の人たちとのかかわりのもとにもなっています。朝鮮人BC級戦犯の人たちの運動は六〇年近く続いていますが、わたしはその後半の三五年間を一緒に動いてきました。

この運動の当事者にとっては、過去はいまなおけっして過去になっていない。自分の戦争体験をどういうかたちであれ決着させたいと願って六〇年間も運動をしてきたのです。だからわたしたちにとっても、なぜいま戦後補償か、戦後責任かではなく、なぜいまなお戦後責任か、戦後補償か、そういう問いになるはずです。「戦後処理」に関して政府も取り組んできましたが、植民地支配の責任という根本的な問題は今日まで引きずってきています。戦後責任もアジアに対する加害者責任の問題も、いまなお議論せざるを得ない。時には当事者のなかでも「もう、いいじゃないか」という人もいます。しかし、受けた傷が深ければ深いほど、妥協は許さない。自分が納得できるまで続ける。日本軍元「慰安婦」の問題もそうだと思います。いまなお、です。だから妥協しない。被害者と加害者の間には言葉では説明できない深い溝がある、このことを意識し、理解していないと、運動の分裂にもつながりかねないと思います。

加藤　感情の溝の深さについての想像力が必要だと。

内海　その点にかかわって具体的な話をしますと、朝鮮人元BC級戦犯への補償法案を今村嗣夫弁護士を中心につくったことがあります。それをもとに二〇〇二年一一月、衆議院法制局が一次案として「旧植民地出身BC級戦犯者等の戦争犠牲者につき必要な措置を講ずる法律案について」をつくりました。石毛えい子(当時民主党議員)さんを中心に植民地支配の視点をふまえた新たな補償立法を成立させようと思っていました。ところが当事者である李鶴来《イハンネ》さんたちが「絶対いやだ」と強い拒否感を示したのです。法案の中身は現時点でこれ以上のものは望めないので何がいやなのかとお尋ねしたら、「旧植民地出身」という言葉にひっかかったのです。運動のなかでは使ってきた表現ですが、日本政府が「植民地出身者」という言葉に呼ばわりするのが許せない。日本政府が過去の歴史を反省し謝罪をしたうえでならともかく、「われわれをいつまで馬鹿にするのか」と強い拒否感を示しました。はじめはその怒りがよく理解できずにとまどいましたが、妥協の余地はありませんでした。口に出したくない幼い時の記憶がこの言葉に張りついていたのです。

李さんは話したくないのでといって手紙を書いてくれました。そこには記憶のごく一端が書かれていました。父親が村の土木工事に出ているときに李さんは母親と一緒に昼の弁当を届けに行くことがあったのですが、日本人の監督官が若い母親に卑猥な言葉を投げつけたりして侮辱したというのです。軍隊では、「お前ら朝鮮人は――」と馬鹿にされたりもしたと……。李さんの父親は「日本人とは同席するのもいやだ」という人でした。わたしたちにはそれなりに意味があると思えた「植民地出身」という言葉に、李さんはどうしても当時の記憶が蘇ってしまう。一年ぐらい話し合いを重ねたのですが、結局、法案は提出はできませんでした。支配した者とされた者との間に埋めがたい認識、心の溝があることを教えられました。

加藤　当事者にとっては、括弧付であろうとなかろうと、法案のなかで使われる言葉は、いまなお、自己を外側から決定づける言葉として、受けとめざるをえないのですね。

内海　そうですね。言葉にこめられた歴史的事実をわたしたちがどこまで想像力をもってとらえられるのか、歴史認識の問題でもありますが……。

言葉の溝、心の溝

加藤　田中さんは、いま戦後補償の問題として、とくに花岡の問題にかかわっておられますね。

田中　花岡の問題は後で改めて語るとして(第五章参照)、いまの内海さんの話を聞きながら思い出しているのは、実は「救済」という言葉なんです。中国人強制連行については最高裁が二〇〇七年四月に最初の判決を出したんですね。そこでは、中国人は請求権つまり補償裁判を起こす権利は、一九七二年の日中共同声明でなくなっているとされた。その点では中国人は裁判に負けたわけですね。けれども、被害があまりに甚大なので、何らかの解決を促したいという趣旨の「付言」をつけたんです。そのなかに「救済を図るべき」という表現があった。しかしこれを中国語でそのまま「救済」と翻訳すると「恵んでやる」という語感が非常に強くなるんだそうです。日本では「司法救済」とか「権利の救済」とか、気楽に使うけれども、中国語では恩恵的なニュアンスになってしまって、「救済」などと、どだい自分たちをバカにしている、ということになる。

二〇〇〇年成立の花岡の強制連行の和解に対する中国側の批判論評のなかには、日本の新聞や社説が「救済」という言葉を何回使っているか数えたものがありました。『産経』も『朝日』も全部「救済」だ、と。もともと不信感がベースにあるから、それが言葉ひとつがきっかけになって表に出てくるんだろうと思いますね。

こういった溝というかずれの例はいくらでもあります。たとえば、一九六三年一一月一日に千円札の肖像が聖徳太子から伊藤博文に変わったときのことです。偽造紙幣が増えたので千円札を新しくしたのですが、それについて、アジア文化会館でこう言われた。「田中さん、日本人はいったい歴史をどう勉強しているんですか?」と。当初は何を言われているのかわからなかった。そしたら、「だって、今度千円札に伊藤博文が出てきたけれども、あの人は朝鮮民族の恨みをかってハルビンで殺された人でしょう。戦前の日本ならともかく、これだけ平和な日本で、なんでこんな人を引っ張り出すのか。しかも、日本でいちばん数の多い外国人は朝鮮人で、彼らも毎日の生活のなかで使うわけでしょう。ずいぶん残酷なことを平気でやるんですね」と。

さらにもうひとつ言うと、それから一〇年あとの一九七三年、まだベトナム戦争が激しく戦われていたときですが、東大に日本の国費留学生として来ていたベトナム人留学生から言われたことがある。「自分は長く日本にいて何の不自由もなく日本語が喋れるのに、わざわざフランス語で話しかけてくる学生がいる。要するにフランス語の練習台として使われているのだろうが、なぜベトナム人がフランス語ができるのかということを、東大生は考えたことがあるんだろうか。われわれにとってフランス語は屈辱の言語だというのを、彼らは知らないんだろうか」と言うわけです。ちょうどそのころ、『赤旗』が日本ベトナム友好協会のフランス語講習会の広告を載せた。「インドシナ三国で普及しているフランス語を学んで、インドシナ人民と友好を」と書いてある。彼はそれを持って来て、「田中さん、日本の左翼も落ちるところまで落ちましたね」と言うんです。一九七三年の一〇月三一日と一一月七日と二回載っています。共産党の幹部も『赤旗』の読者も気づいていなかったのでしょう。

加藤　六〇年代からのお三方の意識のあり方、運動との関係、アジア諸国と日本という国の関係性につき、社会的個人史というかたちでじっくりと語っていただき、ありがとうございました。わたしのように、ちょうど一九六〇年に生まれた者からすれば、お三方の学問的な成果や裁判への取り組みがいかに多くを成し遂げたかが実によくわかりました。また一方で、これだけのことをしてきても、たとえば、裁判での判決文としては、「賠償」という文字を使えないために、中国側が嫌う「救済」という文字を使わざるをえない現状があり続けるわけですね。内海さんのお話のなかで、「なぜ、いまなお、か」という言葉がありましたが、その通りだと思います。

日本の現在の社会状況においては、「戦後責任」という問題を提起することを許さないような排外主義が噴出する恐れがないといえないと思うのです。わたしの目に映ずる現在の日本は、あまり明るいとはいえません。ここ二〇年来の経済的低迷と超高齢化社会の到来で、国内には沈滞ムードがあります。しかも対外的には、中国の軍事力増強とアメリカの国力の低減という、国際環境や国際秩序に大きな変動がありました。大沼さんが冒頭でご説明になったとおりです。そうしたなかで、日本人の危機感・ナショナリズムを煽る論調は、相変わらず根強くあります。中国や韓国との国境をめぐる主権論争の火だねはすでに存在しています。

また、日本の戦後責任という問題の裏側にある、国内の戦争被害意識の変容にも注目したいと思います。二〇一〇年六月、「戦後強制抑留者に係る問題に関する特別措置法」(シベリア特措法)がようやく成立しましたが、条文には「戦後強制抑留者の労苦を慰藉する」という言葉しか書かれていません。国家補償という考え方を日本政府がとることはないわけです。なお、この法律は「国籍条項」が入っていますので、朝鮮半島や台湾出身の元兵士などは除外されてしまいます。さらに、同年八月に全国組織ができた全国空襲被害者連絡協議会による運動があります。あるいは二〇一一年一〇月、沖縄戦の民間被害者が、戦争被害を国に訴える集団訴訟を起こしました。空襲被害について国は、戦争被害は国民が等しく受忍すべきもの、との一点張りで補償をしてこなかったのですが、国民のなかで、受忍論の再考が支持されるような気運が出てきたように感じられます。

このように考えてくれば、二一世紀の文脈のなかに、戦後責任を改めて問い直してみることは、非常に意義のあることだと考えられるはずです。これらの問題は、まとめて第五章で扱うことにしたいと思います。

第一章　戦争裁判と戦争責任

戦争裁判研究の動向

加藤　序章では、お三方それぞれの、のちに戦後責任という思想に結実するような、個人史のなかの「出会い」について、またそこから導かれた運動や研究について語っていただきました。今回は、戦後責任を考えるうえで最初にぶつからざるを得ない戦争裁判の問題をお話しいただきたいと思います。東京裁判を含めた戦争裁判の不十分さ、問題性が、日本のアジア認識や日本とアジアとの関係にいまなおさまざまな影を投げかけていると考えるからです。

東京裁判（一九四六年五月―四八年一一月）については、近年、若い研究者を中心に、新しい研究の流れが出てきました。ただ、こうした流れをご紹介する前に、内海さんが長年取り組んでこられたBC級戦犯についての一連の研究、また大沼さんが初めて明らかにした裁判を支える国際法の進展の問題群について、少し説明しておいた方がいいですね。

まず内海さんのBC級戦犯研究の意義は、捕虜の待遇を定めたジュネーブ条約の「準用」というような、日本の国内向けの論理と対外向けの論理とのあいだの亀裂の問題に取り組まれたところにあります。ここでいうジュネーブ条約とは一九四九年のものではなく、一九二九年スイスのジュネーブで調印された「俘虜ノ待遇ニ関スル条約」（俘虜待遇条約）のことで、一九〇七年のオランダのハーグで調印された「陸戦ノ法規慣例ニ関スル条約」(陸戦条約)を補完する詳細な条約でした。「準用」といいましたのは、日本は両条約に署名していたものの、俘虜待遇条約については批准していなかったのです。その結果、たとえば、軍政上の捕虜(正規の戦争に際して、国際法にのっとって陸軍大臣が設置する捕虜収容所で管理される捕虜)と軍令上の捕虜(正規、不正規を問わず、戦闘によって捕らえられた、あるいは投降した捕虜)というような法制上の亀裂が、日本の場合には生じてしまうという問題です。内海さんの『日本軍の捕虜政策』(二〇〇五年)という、凶器になりそうな厚い本(笑)のキーポイントはそこにあると思う。

大沼さんの場合は、『戦争責任論序説』(一九七五年)と『東京裁判から戦後責任の思想へ』(一九八五年)でしょうか。連合国がニュルンベルク裁判、さらに東京裁判を行うにあたって、戦争違法観と指導者責任観をなぜ打ち出さなければならなかったのかについて、第二次世界大戦中の政治過程から説き起こしています。そこには第二次世界大戦前後の日本やアメリカが拘束されていた論理や法が非常によくとらえられていて面白い。こういった点について、近年の研究は、批判の射程が狭いように思うのです。

大沼　わたしの最初の著作である『戦争責任論序説』は、国際法学者としての仕事ではありますが、歴史的実証はかなり徹底してやったつもりです。その後本職の歴史学者による東京裁判の研究はむろん多くありますが、日暮吉延さんの『東京裁判の国際関係』(二〇〇二年)は実証研究という意味では間違いなく第一級の作品で、その後もこれを超えるものは出ていないのではないでしょうか。

日暮さんの研究の少し前に話題になったのは牛村圭さんの『「文明の裁き」をこえて』(二〇〇一年)で、わたしの丸山眞男批判が不十分であると批判しています。それはその通りかもしれない。一方で牛村さんの広田弘毅評価などは甘すぎるし、全体として日本の立場の正当化というきらいがやや強い。ただ牛村さんは、「東京裁判史観」という言い方は非常に雑であって無意味だということを、くりかえし主張しています。いわゆる右寄りといわれる人のなかではっきりとそう言っているのは貴重で、その点は高く評価すべき点だと思います。

最近書評などで比較的よく取り上げられたのは、戸谷由麻さんの『東京裁判——第二次大戦後の法と正義の追求』(二〇〇八年)でしょうか。オーストラリアの視点を取り込んでいるのは新しい点で、それをていねいに実証したことは優れた点でしょう。ただ、戸谷さんの研究が東京裁判あるいは日本の戦争責任の捉え方にどれだけ意味があるのかというと、かなり疑問がある。何よりも問題なのは、戸谷さんが東京裁判を戦後の国際刑事法の発展のなかに位置づけるということを明確に言っていながら、国際刑事法の勉強がまったく不十分な点です。用語や概念の不正確さ、不適切さは、いくら法学の専門家でないとはいっても、ひどすぎる。もうひとつ大きな問題は典型的な後付け史観であるということ。今日の立場からみてその後こういうふうに発展したんだからいいんじゃないかという、これは歴史家としてあってはならない態度だと思うのですが、残念ながらそれが明らかにみられる。これは学問研究として重大な欠陥といわざるを得ないのではないでしょうか。

この本は書評などで高い評価を受けたようですが、それは最近の書評力の低下という問題も含めて、残念な点です。戸谷さんには、少なくとも日本で日本語で出版するからには、適切な用語の選択も含めて、もっと勉強してから出してほしかった。将来のある若い方ですから、今後はぜひ研究者として地道な精進を重ねてくださることを期待しています。

内海　東京裁判では提出されなかった書証(証拠となる書面)も含めると、膨大な数の証拠が存在しています。その作成にかけられた時間も膨大で関係者の数も多い。今後もさまざまの角度からの研究が進められていくと思います。そのひとつとして、二〇一一年二月に『東京裁判——性暴力関係資料』という資料集を若い研究者たちと共同でまとめました。性暴力の視点から証拠を検討した資料集は初めてだと思います。一九八九年、大沼さんやわたしもメンバーであった東京裁判研究会が中心となってまとめた『東京裁判ハンドブック』では戦時性暴力を単独項目で取り上げることができなかったことへの反省です。南京事件に関連して言及してはいますが。研究は研究史やその時代の問題意識に規定されるので、あとで批判が出てくるのは当然です。それと関連して『東京裁判——捕虜関係資料』をようやくまとめて二〇一二年の一一月に刊行しました。これは捕虜問題に焦点をあてました。

東京裁判と戦争責任

加藤　大沼さん自身としては、戦後の戦争裁判をめぐる評論や研究を含めた社会的な動きについて、どのようにお感じになっていたのですか。

大沼　東京裁判を日本の戦争責任の問題とからめて包括的なかたちで捉えるという「戦後責任」の観点からみた場合、一九八〇年代初期が、戦争裁判や戦争責任について戦後いくつかあった議論の波の中でひとつの画期だったと思います。わたしは一九八四年の「東京裁判・戦争責任・戦後責任」という『思想』の論文で、戦後の戦争責任論として、敗戦直後、一九五〇年代中ごろ、一九七〇年代初頭、そして一九八〇年代の前半のもの、と四つに分けて検討しました。敗戦直後の東京裁判と日本の戦争責任についての議論は、例外もあったにせよ、全体としては圧倒的に内向きのものだった。戦争「責任」といった場合、敗戦の責任を問うているのか、違法な(または不正な、さらに愚かな)開戦をした責任が問題なのか、それも明らかでない議論が多かった。総力戦に徹底的に敗れた全国民的な虚脱状態からすれば、やむを得なかったともいえるでしょうが。わずかな例外のひとつとして大熊信行の『国家悪』(一九五七年)の意義は大きいと思います。

一九五五年、五六年の吉本隆明と武井昭夫が中心となった戦後責任論争では、戦前から戦時中「転向」しなかった共産党が唯一無垢の立場から日本の戦争を批判できるという特権的な座にあぐらをかいて共産党自身の自己批判がないということへの苛立ちが非常に強く出ていました。突破口はこの二人だったのですが、丸山眞男や鶴見俊輔、佐多稲子や福田恆存も参加するという、大きな広がりと豊かさをもったものだったと思います。ただ、これだけ優れた方々が論争に参加したこのときでさえ、日本国民全体の対外的な責任という視点は乏しかった。ようやくそれが出てくるのが七二年の日中国交回復以後です。わたしは、多くの欠陥があったにせよ、本多勝一さんの『中国の旅』（一九七二年）と『中国の日本軍』（一九七二年）が日本社会に与えたインパクトは決定的な意義をもっていたと思う。それから当時の雑誌『潮』が行った、一般の兵士からの聞き書きによる、中国での日本軍の所業の発掘。この意義も大きかったのではないでしょうか。

わたし自身、そうしたものから大きな刺激を受けて一九七〇年代に日本の戦争責任に関する考えを熟成させていったという気がします。それをわたしなりに明確に打ち出したのが、一九八三年の東京裁判国際シンポジウムのときです。わたしは講談社が資金的に支えてくれたこのシンポジウムの人選をまかされたので、はっきりと「アジアに対する戦後責任」という視角を打ち出したいと考えました。日本で「国際」シンポというと、すぐ欧米から偉い学者をよんで御説を拝聴して、となるのですが、そうではなくて、アジアの国々からもパネリストを招くという方針を立て、中国、韓国、ビルマから招きました。当時はまだ専門家が少なくて苦労しました。中国にはいたけれども、ほかの国にはなかなかいなかった。とくに東南アジアは。

もうひとつの方針としては、参加者の幅を広げようと考えました。いわゆる右寄りの児島襄氏から、作家の木下順二さん、思想家の鶴見俊輔さん、児島さんといわば対極にいる家永三郎さんまで、また『勝者の裁き』（邦訳、一九七二年）のリチャード・マイニア教授、東京裁判判事のレーリンクも招きました。レーリンクは東京裁判における最も良質の裁判官でした。このシンポジウムで、それまでの「勝者の裁きか文明の裁きか」という二項対立を超える視点、つまりそれまでの東京裁判・戦争責任論議で無視されていた「アジアとのかかわりにおける日本の戦争」という側面を重視する視点を打ち出したつもりで、その意図はかなり実現できたと思います。それ以来、日本が最も被害を与えたアジア諸国との関係で東京裁判をとらえる研究が徐々に現れてきました。

東京裁判の射程とアジア

加藤　大沼さんが、まさに丹精された一九八三年の東京裁判国際シンポジウム、わたしはイタリアからの留学生と一緒に聞きに行きました。このシンポジウムの様子は、いま講談社学術文庫となって手軽に読めるのですが(細谷千博、安藤仁介、大沼保昭編『東京裁判を問う 国際シンポジウム』一九八四年)、そこには討論部分も採録されていて、鶴見俊輔さんの謎のような発言は、当時聞いていていわからなかったですが、いま読み返してみても、直球の物言いではありませんね。ただ、「戦争犯罪を、日本が苦しめてきた朝鮮、台湾、中国、フィリピン、ビルマ、シンガポール、マレーシアその他のアジアの犠牲者の側から見て、納得するという考え方」をすべきだ、というところは、当時聞いていてもわかりました。戦後責任という視角から見ると、東京裁判は厳密にいえば、アジアに対する日本の戦争犯罪を裁いたのではないという見方があります。シンポジウムに、内海さんももちろんおいででしたが、内海さんは、その点どうお考えですか。

内海　その点は二つに分けて考える必要があります。裁判国として東京裁判に参加している中国(中華民国)とフィリピン、そして参加しなかったフィリピン以外の東南アジアがあります。さらに朝鮮、台湾という植民地の視点をくわえれば三つに分けて論じる必要があるかもしれません。

訴因は全部で五五あり、第一類「平和に対する罪」、第二類「殺人」、第三類「通例の戦争犯罪および人道に対する罪」の三類に分けられています。裁判国を構成している中国、フィリピンですが、検察官が自国への侵略と自国民への被害を厳しく追及しています。中国への侵略は、共同謀議、計画準備、開始、遂行という順で取り上げている。南京における大量虐殺、広東、漢口、長沙、衡陽、桂林、柳州、そしてノモンハン、張鼓峰における殺害も取り上げています。こうした追及を見る限り、中国における日本の侵略戦争は審理はされている。それが戦争犯罪全体をどれだけカバーしているかは別にしてもです。同じようにフィリピンに対する侵略戦争も取り上げられ、審理されています。

中国の検察官だった向哲濬は、民間人の被害について性暴力を含めて多くの書証を出していますし、フィリピンのロペス検察官も、五日間にわたって戦争犯罪の追及をしています。それは対日憎悪をむき出しにしたものだったと、傍聴席にいた冨士信夫さんが書いています(『私の見た東京裁判』一九八八年)。

ロペス検察官が提出した証拠の大半は、一般市民に対する戦争犯罪に関するもので(九五件)、虐殺、強姦、略奪などについて、「つくづくうんざりする」といわれるほど詳細に読み上げていました(ブラックマン『東京裁判　もう一つのニュルンベルク』邦訳、一九九一年)。二年半のフィリピン占領期に日本軍が行った残虐行為を立証する一万頁をこえる書証の朗読に入ると、中国のときと同じように統計の数値が人々の感覚を鈍らせたとブラックマンが書いているほどです。このように中国、フィリピンは、それぞれ自国民の被害を厳しく追及し、民間人への戦争犯罪の追及にも重点がおかれた審議が行われています。

フィリピン以外の東南アジアの場合は、植民地宗主国が裁くかたちです。たとえばオランダですが、具体的には蘭領東インド、いまのインドネシアへの侵略、占領中の戦争犯罪を裁いています。そのインドネシアは東京裁判が始まる前に独立を宣言し（一九四五年八月一七日）、再侵略したオランダに対する独立戦争の真っ最中でした。同じようにフランスに対する侵略戦争とは、仏領インドシナにおける日本の戦争犯罪です。仏印——いまのベトナム、ラオス、カンボジアですが——では、ベトナムが一九四五年九月二日に独立宣言をしてフランスと戦っている。イギリスもまたインド、マレー、ビルマなどにおける独立の問題をかかえながら、戦争裁判を行っています。自国の植民地への日本の侵略、戦争犯罪を裁く一方、その植民地が独立を求めて闘っている、そのなかで開かれた軍事裁判です。中国やフィリピンと同じようには、住民への日本軍の犯罪を取り上げることがむずかしかったのは当然です。そのなかでも、住民への戦争犯罪を取り上げた書証がいくつも出されてはいます。

追及は連合国軍の捕虜への虐待に重点が移っていきます。もちろん住民の殺害、性暴力も取り上げられていますが、中国やフィリピンの比ではありません。検察側が提出した捕虜関係の証拠は約六八〇件、全体の四分の一にあたります。こうした追及の仕方が判決文にも表れています。判決の「B部第八章　通例の戦争犯罪（残虐行為）」というのがその部分ですが、そこでは捕虜虐待に重点がおかれているのです。こうして東南アジアにおける日本の戦争犯罪は、捕虜になった連合国兵士(オランダ人など敵国の民間人を含む)への戦争犯罪に力点をおいて追及しています。このなかには朝鮮人監視員による捕虜や連合国民間人の虐待の記述も出てきます。

一方、朝鮮、台湾の植民地支配が審理から外されたため、植民地における日本の犯罪は取り上げられていません。具体的にいうと、捕虜の強制労働、虐待は戦争犯罪として裁かれましたが、朝鮮人の強制動員は東京裁判でもBC級裁判でもまったく取り上げられていない。性暴力も、中国、フィリピンでは住民虐待と共に多くの書証が出されていますが、それ以外の東南アジアでは、連合国人であるオランダ人やフランス人などへの性暴力の書証が出されています。インドネシアでは大隊規模で日本軍が駐屯しているところではどこでも慰安所があったと言われているのに、提出された書証は、抗日事件と関連するものなど少数で、その数はフィリピンや中国の比ではありませんでした。住民虐殺の証拠は出されていますが……。朝鮮人「慰安婦」の存在はまったく無視されています。こうした戦争犯罪追及の仕方を見ていく中で、アジア人の被害がどこまで取り上げられたのかという疑問につながっていったわけです。わたしは「なぜ、朝鮮人が戦争犯罪人になったのか」という問題意識から戦争裁判に関心をもってきたので、とくにそう考えるのかもしれません。

一九七〇年代の半ばまでは、BC級裁判関係の資料状況がよくわからなかったし、公開していない国もあったので、とにかく東京裁判の速記録を読むことから始めました。一四八人の朝鮮人戦犯のうち一二九人が捕虜収容所の監視員ですが、この数字は、捕虜虐待を個人の責任として問うだけではわからない、もっと構造的な問題があることを示唆していると考え、そこから日本の捕虜政策の問題を調べ始めました。

東京裁判がアジアを軽視しているのではないのかとの問いかけは、アジアの人びとの被害を追及していないと言っているのではなくて、裁判全体の構図のなかで、連合国が何を重視していたのか、また植民地支配がなぜ問われなかったのかをはっきりさせるという意味もあります。東京裁判が何を裁き何を裁かなかったのかを明らかにすることで、われわれが戦争責任、戦後責任を問い直すときの課題が見えてくる。いま戦後責任、戦後補償の問題を考えるときに、東京裁判がやり残したものをはっきりさせることは重要な課題だと考えています。

大沼　いまの点に関連して二点ほど。東京裁判では、ニュルンベルク裁判と違って、「人道に対する罪」によって裁判所が被告人を有罪と認定することはなかった。通常の戦争裁判で全部カバーできたからです。侵略戦争の計画・開始・遂行それ自体の個人責任を問う「平和に対する罪」は、ニュルンベルク裁判でも東京裁判でも、法律家である以上、それだけで極刑を科すということには心理的な抵抗を覚えざるをえない。それは近代法の根本原則に反する事後法による処罰になりますから。ただ、ニュルンベルクにせよ東京裁判にせよ、裁判所としては事後法と正面から認めてしまったら裁判が成り立たないから、そうは言えない。それでも法律家として「平和に対する罪」だけでは裁きたくない。ですから、いま内海さんが言われたように、通常の戦争犯罪としてどのくらいの責任があるかということが、有罪判決、さらに有罪判決の量刑を認定するうえで、重要な鍵になってくるわけです。そういう意味では、ＢＣ級戦犯裁判だけではなくて、日本の戦争指導者を裁いた東京裁判でも、指導者が通常の戦争犯罪に対してどのくらい責任を負うかということが重要な意味をもっていた。これが第一点。

もう一点は、いま内海さんが言われたことの補足です。日本の侵略戦争では、日本軍の兵士たちが敵の兵士に対して犯した戦争犯罪よりも、アジアの一般市民に対する戦争犯罪のほうが多いはずです。にもかかわらず、米英などの主要連合国は自国の捕虜の問題に関心を集中させた。一般市民の被害者は圧倒的にアジア人であって欧米人ではなかったからです。それにどの国でも、退役軍人の組織は政治的に大きな力をもっていますから。

日本では、ＢＣ級戦犯問題というと、捕虜を虐待した日本の兵士がズサンな戦犯裁判の結果処罰された問題、という受けとめ方が多い。ズサンなＢＣ級戦犯裁判が多かったのは事実です。けれども実際にはアジアの一般市民に対する日本軍兵士による実に多くの戦争法違反、戦争犯罪があって、それが十分裁かれないまま終わってしまっているのです。その恨みがアジア諸国には残っている。そうした日本とアジア諸国の戦争犯罪の認識のズレの問題は旧来の東京裁判論や戦争責任論から抜け落ちているので、本来なら九〇年代以降の研究でもっと補塡されなければならないのに、それは十分といえない。たとえばベトナムで日本軍がどういうことをやったのか。内海さんが言われたように、ベトナムは東京裁判に判事も検事も送っていない。インドネシアもそうです。そういう視点がまだまだ十分共有されていない。

内海　大沼さんが指摘した一般市民に対する戦争犯罪との関連で、ババル島虐殺事件(一九四四年一〇月)を紹介しておきます。オーストラリアの北側のこの島で村民約七〇〇人が虐殺された事件です。一村ほとんど全滅ですが、戦争裁判では取り上げられていない。途中まで調べたようですが、なぜか放棄されています。一九八六年の『朝日新聞』(一一月二三日)がこの事件を報道していたので、気になって一九九二年にババル島に行ってきました。タニンバル諸島のサムラキから船をチャーターして約一五時間かかってたどり着いた島です。戦後日本人が初めて来たと言われましたが、住民の間で虐殺事件は克明に記憶されていて、「一九四四年一〇月五日」という虐殺の日をうたった歌もできていました。

二〇一一年の二月、アル諸島に行ったとき、席が空いているのになぜかわたしの隣に座った男性がいました。飛行機が水平飛行に移ったころを見計らって話しかけてきました。トアールという島の州議会の議長でババル島出身とのことでした。これから島に帰ると言っていましたが、日本人であるわたしに事件のことを言いたくて隣に座ったのだとわかりました。住民が一ヵ所に集められたとき、なぜか村長をしていた父親は帰されたので虐殺を免れたそうです。くりかえし彼が身振りも交えて話したのは、日本軍が赤ん坊を空中にほうり上げて銃剣で突き刺したことでした。虐殺をうたった歌もできていると歌ってくれました。一九九二年にババル島で聞いた歌でした。事件をこのように語りつぎ、六七年目にわたしに向かって訴えたのです。このババル島事件については『ババル島事件関係書類』(一九八七年)や村井吉敬の『サシとアジアと海世界』(一九九八年)が出版されています。

実証研究の限界

大沼　裁判研究についてもうひとつ言っておきたいのは、実証研究の限界ということです。学問上、実証研究は大事です。わたしも『戦争責任論序説』でも日本の出入国管理体制の成立過程の研究でも、良質の実証研究を目指しました。けれどもわたしが不安に思うのは、近年、一次史料という意味での書き残された記録を探ることだけが歴史学なんだ、という考え方がありはしないかということです。一次史料を丹念に読むことさえすれば東京裁判や戦争責任の全貌が見えてくるはずだというような勘違いが、九〇年代以降の研究にあるのではないか。それが間違いであることは明らかです。実証史学であっても、ある種の書かれた史料なり聴き取り調査なりを選択するわけで、当然そこには無数の史料・資料から何を選ぶかという価値判断が働いている。研究者の価値観から完全に中立的な史料選択ということはあり得ない。

内海　一次史料による実証研究が重要なことはもちろんですが、軍事裁判であるBC級戦犯裁判の場合、史・資料がどのように収集されたのか、されなかったのか、史料の背景も押さえておかなければならないことは痛感しています。

史・資料の問題のほかに、弁護士や通訳の問題もありました。バリックパパンの法廷通訳をやった藤田勝さんにお話を聞いたことがありましたが、彼はトコ・ジュバン（日本人の店の意味。明治末期の頃から蘭領東インドに出稼ぎに行った日本人が各地に住民相手の小売店を構えた）の子どもとしてオランダ人の学校に通い、弁護士をめざして法律を勉強していたので法律の知識があり、オランダ語もよくできました。しかしこういう通訳は例外的でした。一九八三年の東京裁判国際シンポジウムで鶴見俊輔さんがジョン・プリチャード氏と法廷通訳をめぐって議論の応酬をしていましたね。

大沼　ＢＣ級戦犯裁判の公正さをめぐって二人がやりあいましたね。

内海　鶴見さんはベトナム反戦運動との関係で、一度、軍事法廷に出た経験があったそうです。鶴見さんほど英語が堪能な人でも言語の障害について語っています。このシンポジウムで、プリチャード氏は、イギリス裁判の九〇〇におよぶ記録を綿密に読んだ結果、いくつかの例外を除いて、英米の裁判は法典化された軍法にそって行われたことを強調していました。「裁判の大多数はきわめて公正に行われた」、「通例の戦争犯罪で有罪とされた者の大多数が有罪そのものであることは、間違いなかった」と。これに対して鶴見さんは、「全体として、とくにＢＣ級戦犯の裁判は、公正な手つづきをもっておこなわれたとは言いにくい」と言っています。プリチャードと鶴見さんのこの違いはいまなお続く議論です。

遺書を読むと、ＢＣ級裁判で裁かれた兵士のなかには、自分の行為の何が裁かれているのか、なぜ戦犯なのか、自覚も理解もできないまま刑死したり服役したりした人もいます。戦犯裁判では捕虜関係の裁判が多くありますが、捕虜収容所に勤務する者に捕虜の取り扱いに関する国際法も教えない一方で、外に向かってはジュネーブ条約を「準用」すると約束する。日本のこの内と外への二重基準が戦争裁判にも反映していました。ここにもBC級をふくめた戦争裁判を考えるひとつの問題があるのではないでしょうか。

BC級戦犯裁判への視角

加藤　わたしが、日本近代史の研究者として、裁判研究で物足りないと思っているのは、もちろん一次史料のこともそうですが、やはり、戦時中の国際法の変遷について、もう少しおさえて論ずるべきではないかということです。もちろん、大沼さんはそれをきちんとやられているわけですが。たとえばドイツが連合国から見て「侵略戦争」を起こしたと考えられた時点で、もう連合国は何をやってもいいという論理が導かれたのですが、それはUボートを海賊行為としてしまうのですね。つまり海賊行為を行う者は海中に浮かんでいても救助する義務はない。戦時国際法を適用する義務もないわけです。

わたし自身、『満州事変から日中戦争へ』(二〇〇七年)で書きましたが、戦時国際法の縛りや、その縛りをどうやって形式的に逃れるかということについて、国際法などを相手国に強制するだけの規範力を持たない国であった日本やドイツは常に考える必要があったと思います。日中戦争の初期、一九三七年一〇月ごろ、陸軍、海軍、外務の三省は、宣戦布告とアメリカ中立法の関係について、それこそひどく慎重に議論していますね。橋川文三が、日本は日中戦争で戦争のやり方を間違えて、その間違いを太平洋戦争まで持ち込んだ、と指摘しています(『ファシズムと戦争(日本歴史シンポジウム21)』一九七三年)。この橋川の指摘は、実は重要なところを突いていて、日中戦争は全面戦争化したときでも、宣戦布告しませんね。中国も日本も、太平洋戦争の直前までお互いに宣戦布告しない。それは日本も中国もアメリカに中立法を発動してほしくなかったからです。しかし宣戦布告がないと、軍政も軍事占領もできないし海上封鎖もできない。このように戦争のかたちが外的に制限されたことで、戦争犯罪などがかえってより起きやすくなる構造が生まれたのではないかと思っているのですが。

田中　捕虜の問題についてひとこと言うと、藤岡信勝氏らの『教科書が教えない歴史』(一九九六年)のなかに、日露戦争や第一次大戦のときに日本はロシア兵やドイツ兵の捕虜を丁重に扱ったという話が美談として出てくる。ところがそういう議論をしている彼らが、同じ日本軍がなぜそれ以降、とくに一五年戦争期にそうでなくなったかということには、一切口をつぐむわけですよ。しかしそういう変化をきちんと整理することは非常に重要なんじゃないか。そもそも、いま加藤さんが言われたように、宣戦布告をしていないわけでしょう、中国にたいしては。宣戦布告をしたのは日清戦争だけだから、一五年戦争期に入ってからは一切宣戦布告なしに一〇〇万人以上の軍隊が中国大陸に行っているのです。

中国人強制連行に関しても、戦前の中国人強制連行を決めた閣議決定は、「華人労務者内地移入ニ関スル件」というのが正式のタイトルです。戦後になって外務省がまとめた報告書のタイトルも「華人労務者就労事情調査報告書」。両方とも「華人労務者」です。戦前も戦後も。これが要するに、陸軍軍務局長の武藤章が東京裁判のときに「中国には宣戦布告していないから、捕虜の虐待はありません」と主張する理屈であって、それが戦前も戦後もずっとつながっているということですね。ところが、戦後の中国人の遺骨送還のときには、中国人俘虜殉難者慰霊実行委員会という組織でやっていて、このときは「俘虜殉難者」とちゃんと言っているんです。

加藤　武藤の開き直り方は、驚くべき論法ですね。しかし、陸軍などはある意味、このような形式的な法理で戦中期を乗り切ってきたわけですので、この点をおさえておくのは重要だと思います。

内海　中国側は「捕虜」あるいは「俘虜」と言っていますが、日本は一貫して「労務者」と呼んでいます。「捕虜」か「労務者」かは一見表現の違いのように見えますが、日本の戦争の本質にかかわる問題です。

田中　もちろんそうです。そのずれの意味がきちんとわかっていないということが問題なんです。強制連行された中国人が蜂起して鎮圧された花岡事件を裁く横浜BC級戦犯裁判で、証人として残留を命ぜられた中国人が、一九四八年三月一日の判決（絞首刑三人など。後に減刑）のあと中国に帰還する際に使った身分証が残っています。それは左右に英文と中文で書かれていて、その身分はPOW（prisoner of war 英文）、戦俘（中文）と書かれている。強制連行された中国人は「俘虜」だというのが連合国側の認識だったことを示しています。

内海　ずれという意味では、ひとくちに捕虜といっても、先ほど加藤さんも指摘されていたように、日本では「軍令」と「軍政」の捕虜ではその取り扱いが違っていた。捕虜関係の資料を見ているときに「正式な俘虜」という表現があって、長いあいだ疑問だった。正式でない捕虜などあるのかと……。この「正式な俘虜」というのが軍政の捕虜で、国際条約の適用を受ける捕虜だということがわかりました。しかし、この区別は日本の国内での基準であり、欧米では捕虜を考えるときにこのような区別はしていない。

また、日本は連合国軍の兵士で捕虜になったアジア人(インド兵やフィリピン兵、蘭印兵などの植民地兵)を「解放」したり「労務者」として使役したりしています。欧米では彼らもすべて捕虜ですから、のちにサンフランシスコ平和条約第一六条(第二章参照)にもとづいて捕虜に賠償金が支払われましたが、その数は日本側で把握していた捕虜数より多く、フィリピン兵など日本が解放したと言っているアジア人兵士も「捕虜」として補償金を受け取っていました。

中国人強制連行をどうとらえるか

田中　ちょっと議論の流れが変わるかもしれないけれど、ここで中国人強制連行のことにふれさせてください。先ほど花岡事件を扱ったBC級裁判のことを言いましたが、その記録は全部アメリカが持って帰っているんですね。花岡に強制連行された中国人の賠償裁判にかかわったとき、いわゆる「外務省報告書」というものが手に入らないものだから、アメリカに持って帰られていないか、アメリカ国立公文書館を調べてもらったら、報告書を作るための外務省内部の決裁文書が出てきた。そのなかで、強制連行を決めた閣議決定の原本も実はアメリカが持って帰っていることがわかるんですよ。つまり一九四二年一一月の閣議決定の原本は日本にないんです。

アメリカの場合、文書を押収するときに、日本語が読めないですから、事務官にこれはこういうものですという証明書をつけさせて集めているんですね。つまりアメリカは大掛かりな強制連行があったことがわかって、引き続いて戦犯裁判をやる予定にしていたと思うんです。しかし実際は花岡の戦犯裁判の判決が四八年三月に出て、大阪築港での中国人虐待事件の判決が一〇月二五日ですが、この二件だけで終わっています。両方とも現場の人間だけが有罪になっている。花岡鉱山の鹿島の場合は、中国人を監督していた人間と、あとは蜂起の鎮圧に警察が噛むので、秋田県の警察官も捕虜虐待で罪に問われた。アメリカとしてはさらに捕虜虐待の事件を調べようとして閣議決定の原本を押収したのだろうけれど、途中で打ち切るのですね。

そして四八年の一二月二三日、当時皇太子の誕生日に東条らが処刑されて、その翌日、身柄を確保されていた岸信介ほかが全部釈放されるわけです。岸信介は強制連行が決定されたときの商工大臣つまり担当大臣なので、当時の考え方からすれば中国人強制連行は捕虜虐待ですから、かなり厳しく指導者責任を問われたはずだと思うんですよ。ところがアメリカの極東戦略の変更で、これ以上日本の戦争犯罪の追及をやるよりも、むしろ日本の指導層を育てる必要があるということになってしまった。押収していった閣議決定の原本は生かされなかったわけです。

加藤　『日朝条約への市民提言』(二〇〇一年)で田中さんが書かれた部分を読みましたが、そこに、アメリカは在日非日本人居留民政策を一九四四年六月に文書として作っていたことが書かれていますよね。このときのアメリカの発想が、その後岸たちの釈放で大きくずれていく。戦争裁判の裏面でなされているA級戦犯の釈放とか、まさに未完の占領革命であったことが如実にわかる例です。

戦争犯罪への中国の姿勢

大沼　ここで、第二次大戦中中国で民間人殺害などの戦争犯罪を犯して戦後中国で戦争犯罪者として裁かれ、その後帰国した人々についてもふれておきましょう。これらの人たちのなかには帰国後中国帰還者連絡会(中帰連)のメンバーとして社会的に活動した人もおり、それについてはいろいろ分析できるわけですが、重要な点は、彼らが中国でどのように扱われ、それが中国のいかなる思想と計算にもとづいたものだったかという問題です。彼らのなかには、日本に帰ってきたとき、中国では信じがたいくらい自分たちに対して寛大であったという話をする人たちが含まれていた。そうすると、日本国内で猛烈な反発が出てくる。そしてそういう人たちは洗脳を受けたんだという眼で見られることになる。彼らの側にもたしかに問題があって、実際そういう「洗脳」的な部分もあったことは否定できないと思う。中国に純粋な寛容の部分があったのは事実ですが、他方、そうした寛大な措置にこめられた中国指導層の思惑もあったはずで、ただそれについては彼らは語らないわけです。

この問題は、七二年の日中共同声明で中国は、日本が中国に対して一九三一年から四五年にかけて行った侵略戦争に対する賠償放棄を宣言するわけですけれど、その動機付けをめぐる議論にもつながっていくのです。わたしも、一五年近くも日本軍によって国土を蹂躙され、数百万以上の国民を殺され、犯され、傷つけられ、家を焼かれ、破壊され尽くした中国がどうしてあんなに寛大な措置がとれたのか、かなりいろいろ調べたんですけれども(大沼『東京裁判、戦争責任、戦後責任』(二〇〇七年))、これという決め手はわからなかった。いろんな要素があっただろうことは著書にも書きましたが。ただ、中国側の動機はどうであれ、結果として多くの日本国民は、まず米国の対日政策の転換で厳しい戦争責任の追及から免れることになり、さらに中国による戦争賠償放棄で戦争責任追及から免れることになった。本来、最も強く日本の責任を追及するはずの二つの国から、いいよと言われてしまって、それに甘えてしまったという結果になった。日本とドイツの戦争責任への姿勢の違いがよく話題になりますが、このように米中の厳しい戦争責任追及を免れた日本と違い、「ユダヤ人大量虐殺」という原罪を背負ったドイツは、自分が悪かったと言わないと戦後の世界で生きてこれなかった。

田中　先ほど大沼さんは、日中共同声明のときに、過去の問題にかなり真剣に直面したと言われたけれど、たしかに「戦後処理」に関する国際文書のなかで歴史認識に言及したのは日中共同声明が初めてなんですね。前文だけれども、反省の言葉を入れた。「戦争を通じて中国国民に重大な損害を与えたことについての責任を痛感し、深く反省する」と。そのあとは二〇〇二年の「日朝平壌宣言」があるけれど、それ以前はなんにもないわけです、ただ淡々と事実だけが書いてあるものばかりです。だから日中共同声明のときにああいう認識を入れざるを得なかったということは、外務省の官僚だけでなく、政治家も国民も歴史認識問題を考えざるを得なくなったことを示していると思うのです。そこへちょうど本多勝一氏の『中国の旅』がかぶってくる。それらが歴史に向かう必然性、考える必要性をしみじみと訴えていたところに、中帰連が提起した問題が重なってくるんです。はじめは大沼さんが言ったように誰も相手にしないんですよ。

内海　中帰連が最初に出版するのが『三光』（一九五七年）ですね。そのあと『侵略』（一九五八年）を出したときに出版社に右翼が押しかけて絶版になったと聞きました。中帰連の活動は、手記と撫順戦犯管理所に収容されていた人たちが、その「認罪」の過程を証言していく、一連の証言活動からなっていましたね。

田中　岩波書店も、やっと最近、証言集『中国侵略の証言者たち』（二〇一〇年）を出しましたね。

内海　その一人で生体実験をやった湯浅謙さんにお話をうかがったことがあります。陸軍病院で軍医として生体実験をやっていた人で、八一年に『消せない記憶』という本を出しています。彼が話すには、当時、陸軍病院にいた人たちはみんな生体実験をやっていた。ただ、「手術演習」としてやるので、「生体解剖」というようなおどろおどろしい意識はなかった、日常業務として生体実験をやっていたというのです。軍医だったので敗戦後山西省に残り、中華人民共和国につかまって、先ほどの撫順でじっくり考える中で初めて中国人を生体実験したことで罪の意識をもつようになったと言います。自分と一緒に生体実験をやっていた人は、戦後すぐ帰ったから、ほとんどの人は生体解剖をやったという自覚をもたないままだし看護婦もそうだ、と話していました（『ぼくらはアジアで戦争をした』一九八六年)。

戦争裁判と日本人

加藤 内海さん、大沼さん、田中さんも出られた『世界』の連続座談会で保阪正康さんが非常にいいことを言っていました。戦争最終盤の日本国内の状態があまりにひどかった。国民は飢えていたし、引き揚げ体験も苛烈だった。そのような苛烈な戦争体験が意識のいちばん上層部分に残ってしまう。受動態、被害のトーンで語る日本人の戦争観が生まれたという趣旨のことを言っていました。あえて強い言葉で言えば、無神経で歴史への度し難いエゴイズムを日本側は持ってしまったと(『世界』二〇〇三年一月号)。大沼さんの言葉では、これは「不道義の対等性」ということでした。

大沼 日本も真珠湾攻撃をやったかもしれないけど、アメリカは日本に原爆を落としたんだから、悪いことをしたという点でおあいこでしょ、という感覚ですね。

加藤 このような、戦争体験が上書きされていたような状態で、国民が戦争裁判に接していたとすれば、国民としては戦争裁判をいったいどのように見ていたとまとめればよいのでしょうか。鶴見俊輔さんも、八三年の東京裁判についての国際シンポジウムで、腹が減っているときに裁判を受けとめれば、それは、指導者の敗戦責任だけを裁く期待につながる、と述べていたと思います。内海さんは、袖井林二郎さんのご本などについてもふれておられましたが、いかがですか。

内海 袖井さんは『拝啓マッカーサー元帥様』(一九八五年)という著作のなかで、マッカーサーに宛てた手紙を分析し、天皇に代わって日本に君臨するマッカーサーにすり寄っていく日本人の姿を描いていました。マッカーサーを漢字の当て字にして字画の分析をしている人や密告もある。

戦争裁判を日本人がどう受けとめたのかについては、日本放送協会が編集した『自由人の声』（一九四九年）などをみると、「東京裁判の審理に思う」というような放送を流していたようです。わたしは活字になったものを読んだのですが、彼らが裁かれるのは当然だと言っているし、判決への異論も見られない。細谷千博さんにお話をうかがったときも、細谷さんは東京裁判シンポジウムの主催者の一人ですが、「裁判当時の審理過程はくわしくは憶えてない」とおっしゃっていました。

加藤　細谷さんは一九二〇年生まれですね（二〇一一年九月死去）。

内海　当時は二五、六歳ですね。とにかく食うのに精一杯で、裁判で誰がどういうふうに裁かれていたのか、細かい審理過程を追っている余裕がなかった。話題になったときはすこし関心を向けるけれども、自分の病気や家族をどう食べさせていくのかのほうが大事だったと話されていました。多くの日本人がそうだっただろうともおっしゃっていました。そのような状態だったので、判決を聞いたときも、「妥当な判決だとは思ったが、それ以上に深く考えることはなかった」とも言われました。旧軍人やジャーナリストはともかく、細谷先生だけでなく当時の学生も似通った状態だったと思います。木下順二さんのように法廷に通い詰めた人は珍しいのではないでしょうか。

それがすこし変わっていくのは、サンフランシスコ平和条約が発効（一九五二年）する前に、インドネシアやシンガポールからＢＣ級戦犯が日本に送還されてきたころからだと思います。とくに条約の調印後もフィリピンのモンテンルパ刑務所に死刑の執行を待つ戦犯がいることやマヌス島にオーストラリア裁判の一六七人が収容されていることが報道されて、大きな問題となりました。このような報道もあってBC級戦犯の問題がクローズアップされていきました。指導者が裁かれた東京裁判の問題と、中間や末端の兵士や民間人も裁かれたBC級戦犯裁判とが一緒に論じられていくうえに、戦犯の釈放運動などが重なって、戦争責任の問題があいまいにされていってしまう。鶴見さんは東京裁判とBC級裁判とは切れ目なしに結びついている、と表現されていました。

大沼　敗戦直後から今日に至るまでの日本国民の戦争裁判の受けとめ方は、『東京裁判、戦争責任、戦後責任』で一応検討したつもりです。それは一言で言えば、「傍観者的姿勢」だったということですね。ただこれは、定性的にも定量的にも、当時の世論調査の限界なども含めて、もっと立ち入った研究がなされるべき問題だろうと思っています。

内海さんと田中さん、加藤さんとの議論との関連で言いますと、わたしは、今日に至るまで東京裁判や戦争責任について一般国民がきっちり読める研究が十分育っていないことが大きな問題ではないかと思うのです。先ほど内海さんが紹介したBC級戦犯裁判を裁く側の問題性にしても、テレビ番組で紹介されたインタビューなどがどういう効果を持つかというと、基本的に「BC級戦犯裁判はけしからん、勝者の裁きだったんだ」という受けとめ方を作り出してしまう。そこから全体の議論が「東京裁判史観」批判という単純な方向に流れてしまうのです。しかし、BC級戦犯裁判が裁いた戦争犯罪というのは、日本軍の行った残虐行為のごくごく一部なんです。日本では戦争中の残虐行為というと、その代表として必ず南京事件が出てくる。そこで虐殺された人間の数をめぐって議論がなされ、果ては幻だという主張まで出てきている。しかし、日本軍が中国本土で行った虐殺は南京虐殺だけなのかというと、決してそうではない。大量の虐殺をもっといろいろなところでやっている。中国にさえ、なぜ南京だけが話題になるのかという批判もある。

シンガポールなど東南アジア諸国では、旧宗主国が、自分たちが日本を裁くから君たちは日本人に報復をするなと、現地人の不満を抑えたところがある。ところが実際に旧宗主国が裁くと、自国の軍隊の捕虜の裁判にばかり熱心で、一般市民の虐殺や虐待の問題はほとんど裁かれていない。そうするとその恨みはずっと残る。戦争裁判全体を「裁判が裁かなかったものは何か」という視点も含めてもっとよく見るべきではないか。もちろん、専門研究ではそうした要請に応える作品も出てはいるわけですが。

内海　最近、BC級裁判についての研究はすすんでおり、『世界』の座談会に出席した林博史さんは『裁かれた戦争犯罪――イギリスの対日戦犯裁判』(一九九八年)のなかでイギリス裁判が一般市民の虐待や虐殺を数多く取り上げていることを明らかにしています。その後も『戦犯裁判の研究』(二〇一〇年)を出されています。またフィリピン裁判については永井均さんが『フィリピンと対日戦犯裁判――一九四五―一九五三年』(二〇一〇年)を出版され、いずれの研究も、いま論議されている点について新しい成果を出しています。

田中　戦争裁判の受けとめ方も含めた戦後責任のあり方をゆがめた大きな要因は、やはり東西冷戦でできたある種の思考の枠組みだったと思うんです。そのことをしみじみ感じたのは、一九九〇年、天皇の代替わりの翌年の夏にソウルに行ったときです。そのとき「太平洋戦争犠牲者遺族会」の本部を訪ねたんです。わたしは何も知らないものだから、「皆さんの会はいつできたんですか?」と尋ねたら、「一九七三年にできた」という。「いままでどういう活動をしてこられたんですか?」「何か動こうと思うと、幹部が必ずＫＣＩＡに呼び出されて止められた。だから何もできなかった」と言うんです。結局、「八七年の民主化宣言以降ようやく動けるようになった」と。

また中国人の強制連行問題で鹿島建設に最初の公開書簡が出されたのが、八九年の一二月、天安門事件のあとです。つまり韓国や中国から生の声が直接日本にぶつけられるようになったのは、かなり後のことです。要するに、日本はアメリカと組んで世界を泳いでいたので、言葉はちょっと乱暴だけれども、「返り血」を浴びないでこられたんです。それが冷戦の崩壊で変わる。ただ、そういうことを言うと、まるで悪いのは冷戦で日本自身に責任がないと言っているように受け取られるので、あまり言いたくはないのですが。

よく言われることですが、ドイツの場合はまわりがみんな老練な国家でしょう。しかしアジアでは、日本の相手となる朝鮮はもちろん、中国にしたっていまだに分断が続いて、ひとつにまとまっていない。東南アジアは国家としては昨日今日できたようなものですから、賠償交渉にしてもいろんな意味で蓄積がない。つまり日本は加害者として、被害者との出会いのところから東西冷戦によってねじ曲げられてきたと思うのです。もちろんそれで日本の責任が免罪されるわけではないのですが。

内海　冷戦構造のなかでのゆがみという問題になれば、やはりサンフランシスコ平和条約を問題にせざるを得ません。そこに次のような論点があるかと思います。第一一条の戦犯条項、そして一一条に基づく国内措置としての法一〇三号の制定、スガモ刑務所の受刑者取り扱いの問題、戦犯釈放運動の問題などは、その後の軍人恩給、「援護法」、そして戦犯の靖国神社合祀の問題につながっていく。これは次章の課題ですね。

第二章　一九五二年体制——閉ざされた日本

国籍法・出入国管理令・外国人登録法

加藤　この章では、一九五一年九月八日に締結された対日平和条約、すなわちサンフランシスコ平和条約と戦後責任の関係についてお話をうかがいたいと思います。大沼さんと内海さんはそれぞれ国際法学と歴史社会学という二つの学問領域で、この問題について早くから注目してこられたわけですが、今回お二人のご著書を改めて読み返してみまして、ほんとうに面白かったですし、勉強になりました。また、田中さんは、一九六九年に国籍確認訴訟を起こした宋斗会《ソンドヘ》さんとの関係から、具体的な個人の訴訟というかたちでこの問題に取り組まれてきました。わたしは田中さんの取り組みから、サンフランシスコ平和条約の問題性が現実の過程として明らかになってゆく醍醐味を感じました。

まず、大沼さんが最初のご本『戦争責任論序説』で注目されたのは、戦争犯罪者・戦争指導者を刑事犯として処罰できるという発想、つまり国際犯罪を個人の刑事責任として問うという、国際法に生まれてきた「新しい思想」の意義の裏にかくされた危うさということでした。そのイデオロギー性といったものを、第一次世界大戦の講和条約であるベルサイユ条約から四五年一一月のニュルンベルク裁判に到達するまでの過程において、綿密に検討されました。ある国際秩序が形成される際に、何が加わって何が落ちるかという点に、おそらく大沼さんは常に自覚的だったのでしょう。サンフランシスコ平和条約が国籍条項（国籍選択権）を欠いているという問題にまず気づいて、そこから「在日朝鮮人の法的地位に関する一考察」（一九七九―八〇年）という長編論文を書かれた。大沼さんはこの問題に最初に注目した国際法学者だったのではないでしょうか。その大沼さんからすると、サンフランシスコ平和条約が国籍条項を欠いていることによって何が生じてしまうのか、ということが問題にならざるを得なかった。この問題は、占領下の日本でいえば、ＧＨＱ（連合国総司令部）の民政局といった、他の部局と比べればまだ政治的に公正性を持っていたと考えられる部署でさえ、救うことのできない、複雑な領域だったともいえる。

大沼さんは、一九五〇年にできる国籍法、一九五一年の入管令、そしてサンフランシスコ平和条約発効と同時に施行された外国人登録法（一九五二年）、この一九五二年までにそろった三つの入管体制というものを問題にしています。そもそもＧＨＱは、この問題について米国の移民法の発想で対応していたようで、日本の戦前期の勅令、それをふまえた戦後の法律の体系化についていけていない。しかも悲しいことに、この問題でＧＨＱにいろんな情報を与えるのは、一九四七年一二月にはなくなってしまう内務省なのですね。この、元内務省の官僚たち――なかには、のちに大平内閣で法務大臣を務めた古井喜実さんのような立派な方もいましたが――による、朝鮮人と共産党との結びつきについての誇張された情報が一方にはあり、また各県に進駐した占領実施部隊などの諜報部隊が、共産党の活動や選挙にひどく神経をとがらせていた事実が他方にあり、ＧＨＱの側も、このような判断に影響される。そのようななかで準備されたサンフランシスコ平和条約は、ある種の制約を受けて誕生するわけですね。

このように詳しくお話をしたのは、大沼さんのお仕事を最初からたどっていけば、一九五二年の入管体制の成立がいかに大きな意味を持っていたか、それを学問的に捉えたことの画期性が若い世代の読者にもよくわかるのではないかと思ったからです。

一方内海さんは、朝鮮人ＢＣ級戦犯の問題に最初から注目してこられたので、サンフランシスコ平和条約においてとりわけ問題とされたのは、一一条だったと考えるわけですね（戦犯条項）。サンフランシスコ平和条約のことを聞いて、巣鴨に入っていたＢＣ級戦犯が釈放を視野に入れて騒ぎだす。そして彼らなりの戦争の大義を語り始める。Ａ級戦犯にはあまり反応しなかった大新聞などのジャーナリズムも、ＢＣ級戦犯の語りには敏感に反応しました。安部公房が脚本を書き小林正樹が監督した『壁あつき部屋』（一九五六年）という映画などもこの時期に作られた。こうしてＢＣ級戦犯たちのもがきが見えるようになってきた。

かたやサンフランシスコ平和条約の国籍条項の欠如問題、かたやサンフランシスコ平和条約第一一条の問題、これらが、お二人がともに取り組まれた戦争裁判の問題においてつながっていることに、一九六〇年生まれのわたしはあらためて深い興味を感じた次第です。

大沼　加藤さんが言われたように、わたしの最初の仕事『戦争責任論序説』は、「平和に対する罪」――正確には「平和に反する罪（犯罪）」と訳すべきでしょうが――という観念がどのようにできてきたのか、それがいかなる規範的意義をもち、逆にいかなる政治的な正当化の機能を営んだかという問題に焦点をあてて、ニュルンベルク裁判に至る歴史を追跡したものです。出版は一九七五年。その元になる助手論文を書き上げたのは七三年なんですが、その過程で身体をこわして少し休み、そのあと七〇年代後半に「在日朝鮮人の法的地位に関する一考察」の論文に取り組みました。ただ、これらの問題意識は序章でもお話ししたように六〇年代末からあったわけで、韓国や台湾の軍事独裁政権から逃れてきた亡命者を送り返したらどうなるか、それを法的に阻止する役割を期待されている政治犯不引渡し原則とはいかなるものかという問題意識で、短い論文を『告発・入管体制』に書いたのが一九七〇年でした。

そのころから田中さんとの付き合いが始まるんですが、なにかのときに田中さんと宋斗会さんのことが話題になったわけ。日本国籍確認訴訟をやるという在日朝鮮人がいる、と。当時も今も、日本では在日朝鮮人は外国人だと思っているわけで、わたしも、在日朝鮮人は日本国籍なんて唾棄すべきものと考えていると思っていたし、実際そういう「在日」の人が圧倒的に多かった。ですから、かわった男もいるものだと不思議に思ったことを、今でもよく覚えています。ところが自分で調べだしてみると、加藤さんが言われたとおり、矛盾だらけの状況が次々にわかってくるわけです。

当時の日本の国籍法は父系血統主義を基礎にしていました。ところが、出入国管理法制は出生地主義の国籍法制をもつ米国流の考え方でできている。米国の法制では米国生まれで米国民となり、移民法(日本でいえば入管法)の規律対象にならない二世、三世たちが、日本の国籍法制ではすべて外国人として厳しい規律・監視下におかれる。さらに調べてみると、初代の出入国管理令（後に「法」）と外国人登録令（後に「法」）をつくり上げた人たちのかなりの部分が旧特高（特別高等警察。戦前の日本の公安警察）のお役人なんです。出入国管理法制の成立過程に関する資料を『法律時報』に掲載し、高野雄一先生の還暦記念論文集『国際法学の再構築』（一九七七・七八年）に論文を書く過程で出入国管理法制の構築にかかわった人たちに聴き取りを重ねて、そのことがわかってきた。ひとりだけ偏見のない立派な方がおられたけど、多くの人は聴き取りをするのが苦痛なくらい偏見・差別意識の強い人たちで、彼らの頭の中では在日朝鮮人は差別と治安の対象でしかなかった。

さらに衝撃的だったのは、米国のマッカーサー・アーカイブ（文書史料館）に行って調べたら、当時の吉田茂首相が、在日朝鮮人は邪魔者だから早く帰国させてほしいとマッカーサーに要請した手紙が残っていた。一方、南朝鮮の米軍政庁は、こっちもたいへんな状況なのでそんな厄介者は送り返してくれるなと言っている。その後、外務省の条約局長だった西村熊雄さんにサンフランシスコ平和条約について田中さんと一緒に聴き取りをしたとき、西村さんは、「平和条約締結の際に国籍選択権を付与するのが通例であることはよく分かっていた。ただ、とにかく治安問題が大変だったから、国籍をいったん喪失させて、日本に居たければ帰化申請するしかないようにしておいて、彼らが帰化を申請してきたときに、いい朝鮮人と悪い朝鮮人を選別するという方針だった」と、非常に正直に話してくれました。あまりに正直というか露骨というか、啞然とした記憶がある。

朝鮮人・台湾人からの国籍剝奪

田中　吉田茂の「鶴のひと声」だったと言ってましたね。

大沼　そう。吉田総理のマッカーサーへの要請の文書とぴったり符合するわけです。わたしが本腰を入れて在日韓国・朝鮮人の研究を始めた七〇年代の半ばごろは、日本はたいへんな経済成長を遂げて豊かさが実感されるようになり、憲法の基本的人権も根付いてきて、「特高」などというのは歴史上のもの、過去のものと思っていたのです。ところが、六〇年代の終わりごろからなにか根本的におかしいという気がしていた在日朝鮮人の処遇というものが、戦後の法制でありながら、実はこういう根っこをもっていたのだ、「おかしい」というのは、そういった戦前の差別意識が構造化されていたからなのだとわかった。眼からうろこが落ちるという思いを味わいました。

戦前の大日本帝国の国民だった在日韓国・朝鮮人は、平和条約が発効する前日の一九五二年の四月二七日までは日本国民でした。それが民事局長通達という行政府の一局長の一片の通達で一夜にして国籍を奪われ、五〇万人の「外国人」集団にされてしまった。外国人なら当然持っているはずのパスポートもなしに、日本に外国人として居住し続けるわけです。それを当時の日本政府も、学者も知識人も、裁判官も在日朝鮮人の指導層も、まったく怪しまないで、いつのまにか「当然」のように外国人の人権問題だと思い込んでしまった。この異様さ。研究を始めてみて、みなが共通のだまくらかしにあっているということに気づかされたわけです。これは、若手の研究者として、また市民運動にも携わっていた人間として、たいへんなショックでした。調べれば調べるほど、自分が住んでいる「民主主義国家」日本にこういうことがあっていいのかという思いが強まりました。「在日朝鮮人の法的地位に関する一考察」は、研究者としての探究心と、二〇代の終わりから三〇代初めの、ひとりの人間の青臭い正義感とが合体して出来上がった作品ですね。そのパトスがなければあれだけ徹底した実証はやれなかったと思う。ただ、研究し始めた東京裁判、ニュルンベルク裁判、戦争犯罪、戦争責任の問題と、在日朝鮮人の法的地位の問題がどうつながるのか、当時は自分にもわからなかった。一九八三年に、田中さんや内海さんや幼方直吉先生などと「アジアに対する戦後責任を考える会」を作って、それ以降、「戦後責任」という考え方を軸として思索し行動することによって、ようやくその二つの線が自分の中で結びついたという気がします。

加藤　日本法制史上最後の勅令が一九四七年五月の外国人登録令です。これにより当時日本に在住していた在日朝鮮人・台湾人は「外国人とみなす」とされ、外国人登録を義務づけられ、登録証明書の携帯を義務づけられることになります。

大沼　論理的には、日本にとどまった五〇万人の朝鮮人も朝鮮半島に帰ることはできたんだから、彼らは自ら帰らないという選択をしたんだと言えないことはない。それはその通り。ただ戦後、在日韓国・朝鮮人の韓国への帰還に関する研究で明らかにされているように、帰国した一五〇万ほどの朝鮮人は在日歴の短い人が多かった。持ち帰ることが許された所持品と所持金が非常に限られていたので、日本社会への定着度の高い人はそう簡単に帰れなかったと言われています。

内海　持ち帰れた現金は一人一〇〇〇円以内でした。

大沼　南朝鮮（韓国）の経済状況が日本以上に厳しいといわれていた当時の状況で、持ち帰りの財産をぎりぎりまで制限しておいて、「帰国したければどうぞ」ということは、ほとんど自殺しに故国に帰りなさいというのに近い「選択肢」でしかなかったのではないか。自分がその立場に立たされたらどうしただろうか。わたしだったら帰れなかったのではないかと思う。

加藤　二〇〇万の満州引き揚げ者、一六〇万の中国引き揚げ者、彼らがどれほどの困難を押して帰ってきたかという、いわば、こちら側の問題ばかりを日本人は記憶に強く留め、朝鮮人が帰るときには一〇〇〇円しか持って帰れなかったということについては、ほとんど注意が払われなかったり、記憶から抜け落ちたりしていますね。先ほど言われた国籍選択権を抜くにあたっての吉田茂の鶴のひと声の問題と、問題の性格はつながっていそうです。

サンフランシスコ平和条約の構造

内海　いま西村熊雄の話が出たので少し補足すると、一九五九年から七〇年にかけての外務省条約局法規課の「平和条約の締結に関する調書」（I—VII）が公開されました。それを読むと、在日朝鮮人の処遇や、国籍をめぐる吉田とアメリカのやりとり、戦犯釈放、賠償問題についての外務省とアメリカ側との折衝がよくわかる。

吉田が在日朝鮮人に国籍選択権を認めなかったのは、大沼さんが言われたように戦後の彼らの運動への危機感があったからですね。在日朝鮮人の運動は、生活権擁護闘争や人権運動の側面もありますが、吉田たちはそのようにとらえていなかった。共産党と一緒になった反権力闘争の側面を大きく見ていた。その在日朝鮮人に日本国籍を自動的には認めたくない。国籍選択権を認めるのではなく、国籍剝奪→帰化という手順をふませることで、国家が思想信条によって在日朝鮮人を選別できる可能性を残そうとしたのも西村氏が言っているとおりです。

もうひとつ、サンフランシスコ平和条約に大韓民国が参加することに吉田が強硬に反対した。これも同じ論理ですね。大韓民国がサンフランシスコ平和条約の調印国になることで、在日朝鮮人が「連合国の国民」の地位を得ることによる治安上の問題、そして財産権の問題がありました。そのためにダレスが当惑するほど強硬に、吉田は大韓民国の講和会議への参加に反対しています。

大沼　朝鮮人が戦勝国人の地位を持つことは絶対に認めない、ということですね。ただ、韓国は第二次大戦中日本の植民地であって、交戦国ではなかった。一九四八年に独立した韓国と北朝鮮の国家としての建前は、日本の植民地支配は違法な「占領」であって、朝鮮は日本とは交戦状態にあったというものでしたが、それは実態とかけはなれていて、連合国側も認めなかった。

内海　連合国の植民地だったフィリピンやインドネシアは講和会議に参加しています。中国本土を支配する中華人民共和国でなく、台湾の中華民国を中国代表として参加させたいアメリカ、大韓民国を参加させたくない日本。このように調印国がどのような基準で選ばれたのか、また排除されたのか。先ほどの「調書」には在日朝鮮人の法的地位、条約参加国の問題、賠償などに関するアメリカとの交渉過程が生々しく記録されています。

一九五〇年一一月、朝鮮戦争のなかでアメリカは、すべての当事国が日本への賠償請求権を放棄するという内容を含んだ「対日講和七原則」を出します。それを基にしたアメリカの条約草案では、日本に賠償を払わせないという内容の条文がありました。それに対して、フィリピンやオーストラリアが猛反対します。フィリピンは占領されていた国として、オーストラリアやイギリス、オランダは元捕虜の問題があって反対した。無賠償ではとても国内の反日感情は抑えられない、たとえ条約に調印しても批准できない、と。そこでフィリピンなどに譲歩したかたちでの賠償条項(第一四条)と、イギリスの草案にあった捕虜に対する補償を定めた第一六条が入ってくる。冷戦構造のなかでどのような賠償をするのかという問題です。

ここで日本ではほとんど議論されてこなかった点ですが、インドネシアのジャワ島などで抑留されたオランダ民間人への補償が問題になります。バタビア(ジャカルタ)で開かれた戦犯裁判はオランダ人抑留者への虐待の裁判から始まっているほど重要な問題ですが、条約の第一六条は「捕虜」が対象です。民間人をここに含めると一人当たりの賠償額があまりにも少なくなる。そこでイギリスが反対して支払いの対象にはならなかった。しかし彼らのいう「蘭領東インド」から引き揚げさせられたオランダ人は、日本軍の占領中は強制収容所に入れられただけでなく、戦後はインドネシアの独立によって財産もすべて奪われたと考えていますから、彼らの対日感情は極端に悪く、無賠償では批准が難しい。そこで、会談の場外で、吉田とオランダの外務大臣ステッカーとのあいだで、日本政府がしかるべき時にオランダ国民に与えた苦痛にたいして同情と遺憾の意を表明するため見舞金一〇〇〇万ドル(当時約三六億円)を「自発的」に支払うとの書簡を交換しています(一九五一年九月七日)。一九五六年三月一三日に「オランダ国民のある種の私的請求権に関する問題の解決に関する日本国政府とオランダ王国政府との間の議定書」が署名されて、ようやく一〇〇〇万ドルの支払いが合意されています。

また、これは田中さんが指摘していたことですが、サンフランシスコ平和条約の調印にあたって、日本は一九四九年のジュネーブ四条約を批准することを「宣言」しています。このように締結後にもいろいろな課題が残る内容だったわけです。それがのちにアジア各国の戦争被害者からの補償要求のかたちで出てくることになる。サンフランシスコ平和条約に焦点をあてて考えていくと、戦後のいろいろな問題が浮かび上がってきますが、これはどれも二一世紀の今日にまでつながっている問題です。

講和論議の死角——戦争責任問題

大沼　ちょっと補足しておきますと、日本は違法な侵略戦争を行って交戦国にたいへんな被害を与えたわけだから、戦争が終われば当然その賠償が問題になるはずです。ところが、一九五一年のサンフランシスコ平和条約の時点で、日本では賠償問題はほとんど話題にならなかった。ソ連や中国を含む連合国すべての国との「全面講和」か、米国主導の「単独講和」かということだけがひたすら論議された。つまり、日本の政府も政党も、メディアも学者も、一般国民も、東西対立、米ソ対立の枠組みでしか問題を捉えていなかったわけです。この条約は、日本の侵略戦争の後始末の平和条約なんだという根本的な認識が、当時はまったく欠落していたということです。

　日本が第二次大戦で戦い、占領した東南アジア諸国との賠償交渉は五〇年代後半から六〇年代にかけて行われましたが、日本は「賠償」とはいわなかった。日本はアジア諸国(民)を植民地支配していた英、仏、オランダ、米国と戦ったのであって、フィリピン、インドネシア、ベトナム、マレーシア、シンガポールなどと戦ったのではない、というわけです。実際に殺したり、被害を与えたのはそういうアジアの国の人が多いけれど、交戦国ではなかったのだから賠償にはならない、という理屈です。国家間関係の理屈としてはたしかにそうなってしまう。しかもそのころの日本社会の意識は、後れた東南アジアの経済成長に日本は協力してあげます、といったものでした。さらに、この事実上の賠償のかなりの部分は現物支給、つまり日本の生産物供与でしたから、日本の資本にとって東南アジア進出への絶好の導入口となった。そういうわけで、商社をはじめとする日本企業の人たちは賠償の意識などなくて、もっぱら商売のために行動していた。ですから、内海さんが言われた東南アジア諸国の反日運動というのは、必然的な結果だったのです。

　ただ他方で、賠償という意識を欠落させた資本進出が批判を受けたことに対する日本の反応のなかには、東南アジア外交の原則を示した福田ドクトリン(一九七七年)とか国際交流基金の設立(一九七二年)とか、政府の側にもアジアの視線を意識した良いものがあった。日本企業の側にも反省が生まれた。さらに六〇年代末から七〇年代にかけて、ベトナム反戦運動や入管闘争、決定的なものとしては七二年の日中国交回復があった。このころ日本社会にようやく戦争とアジアへの問題意識が生まれて、高慢な態度でアジアに接しているとえらいことになるという意識が、政府や財界で一定程度共有されたということがあったのではないでしょうか。

内海　基本的な構造はいま大沼さんが言われたとおりですが、そこで出てくるのは、ではなぜ原則的に無賠償の条約が調印されたかということですね。そこに冷戦構造のなかでのアメリカの強力なヘゲモニーがある。ダレスは、この方針に強硬に反対したフィリピンやオーストラリアを訪問して彼らの強烈な反日を思い知らされ、それが生産物と役務による「賠償」(経済協力)ということになった。これを規定したのが第一四条で、これで四ヵ国(ビルマ、インドネシア、フィリピン、南ベトナム)との賠償交渉が始まったのですが、内容は経済協力方式で、賠償特需で潤う日本企業が出てくるという構造ですね。

田中　要するに、あとで二国間でやったんですね。

内海　そうですね。このような条約ですから、大沼さんの言われたように単独講和か全面講和かの議論は盛んでも、植民地支配や占領にたいして日本はどのような賠償・補償をするのかという認識はきわめて薄かったのではないでしょうか。今インドネシア賠償に関する文書が公開されていますす。それが一部なのか全部なのかははっきりしませんが、これからさらに研究がすすむと思います。

台湾とのいびつな関係

加藤　賠償についての議論が、国会でもメディアでも論壇でも大きな論点にならなかったとの大沼さんや内海さんのご発言は、現代史の証言として、特筆すべきことですね。これはうろ覚えで恐縮ですが、田中さんはどこかで、一九四五年のポツダム宣言から一九七八年の日中平和友好条約に至るまでの日中関係の動き方が特異だと書かれていたように思います。かなり長いスパンでのお話ですが、これは具体的にどういった点で特異だったのでしょうか。

田中　第三章でふれる台湾人元日本兵の補償要求裁判が提起されたのは一九七七年のことです。サンフランシスコ平和条約には先ほどから話題になっている一四条とか一六条以外にも、いわゆる旧植民地に関して、財産の相互処理という条項(第四条)があるんです。この問題について、日韓の場合は、日韓基本条約(一九六五年)のときに日韓請求権協定ができました。そこから別の問題が生まれたにせよ、とにかくできた。他方、日中は、台湾の国民党政府との間の日華平和条約(一九五二年)で戦争処理はするんですが、台湾は植民地でしたから、サンフランシスコ条約の第四条も関係してくる。そこで、日華双方が協議して「特別取り決め」の対象にするという規定(第三条)が、日華平和条約のなかに設けられたんです。

ところが五二年の日華平和条約以後、七二年の日中共同声明までの二〇年間にこの特別取り決めは結ばれないままで、七二年の日中国交回復のときに台湾と外交関係が切れたため、二国間で処理することができなくなってしまった。それが台湾人元日本兵の裁判のときにも問題となって、裁判の方は最高裁までいって敗訴が確定した。ただ、高裁判決が「ほぼ同様の境遇にある日本人と比較して著しい不利益を受けていることは明らかであり、……早急にこの不利益を払拭し、国際信用を高めるよう努力することが国政関与者に対する期待である」と付言したことを受けて、一人二〇〇万円を支給する特別立法が一九八八年に生まれた。

その後、戦後五〇年のときの予算で確定債務――たとえば軍事郵便貯金、未払い給与、簡易保険など――を一二〇倍にして清算をしようという政策が村山内閣のときに出るんです。外交関係がなくて特別取り決めは結べないし、さりとて確定債務は日本側にはっきりと元帳があるのに永久に清算できないのでは困るということで、非常に変則的な処理をしたわけです。

加藤　この一二〇倍の根拠は何なのでしょうか。

内海　一二〇倍ではいやだというのが台湾側の主張でしたね。物価にスライドさせたとか、あまり説得力のないものだったという記憶がある。

中国との曖昧な関係

加藤　先ほどからの、「特異」というのは、変則的な「処理」という意味での特異性なのですね。

田中　そうですね。とにかく非常にいびつなかたちで「処理」がなされるんです、台湾との間では。日中の方はというと、日本の「戦後処理」の基本はサンフランシスコ平和条約ですけれども、中国と朝鮮は招かれていないので、清算・「戦後処理」ができないわけですね。それで二国間でやらざるを得ない。日華平和条約は二〇年たったところでだめになって、今度は大陸と結ばなければならなくなった。

サンフランシスコ平和条約や日ソ共同宣言(一九五六年)、日韓請求権協定などは、いずれも「国およびその国民の請求権はこれを放棄する」と条文上に明記してあるんですね。ところが日中共同声明の場合は、「中華人民共和国政府は、……日本国に対する戦争賠償の請求を放棄することを宣言する」とあって、「その国民」というのが入っていないんです。

強く印象に残っているんですが、サンフランシスコ平和条約の国会審議のときに、西村熊雄条約局長(当時)が答弁のなかで、当初の条約原文では「その国民」というのが入っていなかったが、範囲をきちっとする必要があるので入れてもらったと言っているのです。条約ですから、文言に書いて「ある」のと「ない」のとではまったく意味が違う。中国との間では「国民」というのが抜けていたので、これが後に中国で「民間賠償要求」の主張が展開される根拠になるんです。日韓請求権協定では「国およびその国民」と書いてあるので、それで「完全かつ最終的に解決された」、もうなにもない、と日本政府は主張していますが、日中の場合はそれができないんです。

もうひとつは、これは大沼さんに教えてもらいたいことなんだけれども、日中共同声明は、国会で批准を得てないですよね。ですから条約ではない。日中平和友好条約のほうは条約として国会で批准を得ているんですが、この平和友好条約には、日米安保条約と同様、一〇年たったらどちらかが一年前に通告すれば終了することができるという条文があるんです。平和条約というのが「戦後処理」の条約であるなら、それが終了するということはありえないはずです。とすると、この「平和友好条約」の「平和」はたんなる「平和友好」の「平和」であって、「戦後処理」の意味での「平和条約」ではないということになります。平和条約の役割は、日中共同声明が果たしたことになっているんだけれども、これはいま言ったように日本の国会で批准を受けていないし、中国の側でも全人代(全国人民代表大会)での批准を受けていないんです。これは一体どう考えたらいいんでしょうかね。こういうことは誰も議論しないみたいなんだけれど。わたしは、日中関係はいろんな点で曖昧なままにきているんではないかと思います。

大沼　この点は議論すると長くなるので、ごく簡単にふれておきます。国内法的な意味では国会を通していないから条約ではない。それはその通り。そのうえ日本政府は、国際法的な意味でも日中共同声明は条約ではないと言っています。これは日本政府の公式の立場です。中国政府もその立場だとすると、両国を代表する政府がそう合意している以上、条約でないと言わざるを得ない。ただ、とくに日本政府の立場としてほんとうにそう言い切っていいのか、疑問がないわけではない。つまり、共同声明にちゃんと中国は賠償を放棄すると書いてあるから日本は支払わなくていいことになっているのだけれど、もしこれが条約でないとなると、中国は国際法的に拘束されないわけですから、賠償を請求できることになってくる。日本としてそれでいいのか。

昔ある研究会で、外務省の条約局長も務めた元外務省幹部が共同声明について報告したときに、そう質問したことがあります。そうしたらその人は、中国は条約と見ているんですかと聞くので、わたしはその点は調べていなかったから、わかりません、と答えた上で、ただ日本政府にとっては法的に賠償請求される可能性が出てくるわけですから、困ることになるのではないですか、と聞いたら、「いや、そういうことは政治的にはありえません」と言われた。しかし、政治的にとやかく言わせないために条約を作るわけでしょう。日中の微妙な関係を考えれば、「政治的にありえない」なんてとても言えないはずです。国際法のプロであるべき外務官僚としては決して言ってはいけないことではないかと思いましたね。

ただ、その後の戦後補償裁判での判例を見てみますと、日本の裁判所は、二〇〇七年の最高裁判決を含め、国際法の観点からみると非常に説得力の乏しい論理で補償請求を斥けていますね。日華平和条約でいちおう「賠償」をしていることと合わせて中国との戦争賠償の問題は決着していると か、日中共同声明もサンフランシスコ平和条約の「戦後処理」の枠組みの中にあって平和条約の実質を有するとか、日中平和友好条約という「条約」の前文で日中共同声明の原則の遵守を謳っているとか、非常に大ざっぱで説得力に乏しい理屈ばかりです。中国側は、現在の中国政府は、七二年の日中国交回復を決断した毛沢東、周恩来の権威を守るために、共同声明を全面的に問題化することはないでしょう。でも、民主化が進んで、共同声明が中国内で批判的に見られるようになると、共同声明が条約でないとされていることは重大な問題になりうる。「政治的」には十分「ありうる」話で、実際に中国の裁判所は日本企業を被告とする中国人被害者の補償請求を受理するようになってきた。

平和友好条約についていうと、田中さんの言われたとおり、あれは戦争状態を終結させる平和条約ではありません。「平和的に友好する」条約です。

加藤　日本と中国の「戦後処理」という意味の、「平和」条約ではない、と。

平和条約と冷戦

内海　日華平和条約の交渉過程などを見ていても、中国が分断状況にあることを日本は計算して臨んでいますね。交渉のなかで日本の在外資産の計算が出ていますが、華北の資産などは、ソビエト軍との戦闘、占領を考えると、これでいいのかと思われるくらいある意味で大ざっぱな計算だと思いますが、国民党政府はそれをのんでいますね。そして「賠償」の文字すら日華平和条約から消えている。

大沼　他方で、当時の日本政府が、中国本土を支配する中華人民共和国政府とちゃんと講和をしたいと言っていたことにもふれておかないとフェアでない。日本政府はずいぶん努力したけど、大陸中国の共産化に強く反発した米国がそれを許さなかったのです。イギリスは中国を承認していたから吉田政権のそういう主張に同情的だったが、米国は強硬でした。日本は米国の対ソ戦略・対中戦略のなかで動くしかなかった。

内海　そう、アメリカの共産圏封じ込め政策のなかで日本が動き、日華条約から「賠償」の文字が消えた。サンフランシスコ条約と日米安保条約が同日に調印されたことが象徴的にものがたっているように、アメリカの傘のもとで日本は国際社会に復帰し、戦後を歩んできたのです、植民地支配やアジア占領への問題意識が希薄になるのは当然かもしれない。

加藤　そのようなお話をうかがっていますと、日清戦争のあとの三国干渉を受けて、日本人は遼東半島還付のいきさつについては、深く臥薪嘗胆を誓った国民なだけに、ちゃんと補償して金の痛みという点でも十分に感じていれば、また異なった戦後になっていたかもしれないとも思います。しかし、それほどの痛みを感じないままに「戦後処理」がなされたことで、曖昧なままにされた、と。

内海　たしかにビルマ、南ベトナム政府、フィリピン、インドネシアの四ヵ国に「賠償」を払い、東南アジアの他の国にも「準賠償」を払っていますが、国民一人当たり一万円ぐらいの負担ですし、支払いが高度成長期に当たっていましたから、ほとんど支払いの重みというか痛みを感じないで賠償問題をすり抜けたのではないでしょうか。

大沼　これはいろんな研究で明らかにされていますが、一九四五年の敗戦直後から一九五一年までのサンフランシスコ平和条約の起草・交渉過程をフォローすると、みごとに冷戦が反映している。最初は日本の戦争責任を追及する懲罰的な草案であったのが、その後米国が日本を反共陣営に組み込むために、フィリピンなど他の国々からの賠償請求や戦犯処刑の要求を極力抑えようというように変化していくのがあざやかに見えてきます。「在日朝鮮人の法的地位に関する一考察」を執筆するうえでサンフランシスコ平和条約の第二条の領土条項が国籍条項を含んでいない事情を調べる際にわたしはこの起草過程を追ったんですが、当時米国の対日政策の変化が実に正直に表われていて、なるほどなあ、と何度もためいきをついたことをよく憶えています。

もちろん、内海さんが言われたように米国だけで条約は結べないので、自国の冷戦政策を反映させるために、米国はいろいろ努力しています。当時英国が承認していた中華人民共和国を条約から排除することに英国と英連邦を同調させるために、英国が強く反対していた韓国のサンフランシスコ平和条約への参加を認めないことにした。植民地であった国の講和への参加は、英国が第二次大戦後も維持しようとしている植民地体制の崩壊につながりかねないとして、英国が忌避したからです。それが結果的には、中華人民共和国だけでなく、大韓民国も朝鮮民主主義人民共和国も条約から排除することになった。

国際法の専門家のなかには、植民地は戦争中独立国でなかったのだから戦後の講和会議に参加できないのは当然だという人もいますが、戦争中非独立国でありながら講和会議に参加した国の例はいくらもあるのです。ですから、韓国・北朝鮮がサンフランシスコ講和会議に参加できなかった主な理由は別のところにある。前にも述べたように、第二次大戦中、朝鮮は日本と交戦状態にあったという主張の実態面での根拠の弱さと、講和をめぐる冷戦の進行、植民地体制の維持という旧欧州植民地支配国の意思など、むしろ国際政治上の理由によるものだったわけです。

占領初期の国籍処理方針

田中　ここまでの議論は、ほとんど占領期後半の話だと思います。わたしは占領期の前半と後半をきっちり分けて考えるべきだと思うんです。どこで分けるかは、いろいろ考え方があるでしょうが。国籍条項についても、わたしは初期の占領当局者は別の考えを持っていたと思っています。戦前日本が作った法律で、船員保険法と厚生年金保険法という、いずれも民間企業で働く人を対象にしたものがあるのですが、それには「国籍条項」があった。帝国臣民でない者には適用されないと書いてあるわけです。それが戦後GHQに見つかって、これはだめだ、国籍差別は禁止するという覚書が出た。それでしょうがないので船員保険法も厚生年金保険法も国籍条項を削除するんですね。だからいまの船員保険法と厚生年金保険法には国籍条項はない。

ところが、GHQがいなくなると、もう怖いものはありませんから、そこに出てくるのが国民年金法です。それは一九五九年の制定ですが、その後、高度成長期に入っていくなかで、福祉国家を目指して児童手当三法(一九六一―七一年)などもできるけれど、全部国籍条項がある。このシステムに衝撃を与えたのがベトナム難民で、国際人権規約についで難民条約も受け入れ(一九八一年)、そのときには国会で法改正をして国民年金法と児童手当三法の国籍条項を削除するんです。

こういう流れを見ていると、アメリカが占領初期に取った政策と、その後の変化とを分けて考えた方がいいと思うのです。彼らは占領前の日本をよく研究していて、関東大震災時の朝鮮人虐殺なども知っていた。そういうこともあったので、マッカーサー憲法草案の一六条に、「外国人は、法の平等な保護を受ける」というのが出てくるわけです。つまり占領初期には、ここで議論されてきたのと相当違う局面があったということです。ただそれが、外国人登録令（一九四七年）ができるあたりになると変わってくる。

よく言われることだけれど、日本は結局、外から言われないと自国民中心主義のシステムをこわすことができなかった。しかし、七〇年代以降の長い努力の学習効果がやっと出たのが、一九九七年にできた介護保険法です。これにはのっけから国籍条項がないんです。なぜ国民年金法に国籍条項を入れたか研究した本がないのと同様、なぜ介護保険法に国籍条項を入れなかったかを書いた本もない。いろいろ調べても出てこない。研究者はそういうことに興味がなくて、あたりまえのように日本人のことだけでやっているんですね。

サンフランシスコ平和条約の国籍処理の問題に関しては大沼さんが言ったとおりですが、自分の経験をひとつだけ言っておきたい。

一九七一年末、京都在住の見知らぬ在日朝鮮人から一通の手紙が届いた。国籍確認訴訟を起こした宋斗会さんからでしたが、その手紙を見てほんとうに驚きました。宋さんは書いているんです。この小さなからだを日本に置いておくのに、いちいち法務大臣の許可をもらわなくちゃいけない、そんな筋合いはないと自分は思う、むしろ逆に、多少居づらいことはあるかもしれませんが、よろしかったらどうぞ居てください、くらいの挨拶があってしかるべきではないかと。

彼は一九一五年生まれです。生まれたときすでに朝鮮は日本に併合されていたから、親はもう日本国籍になっている、だから彼は生まれたときから日本国籍。それを自分に何の相談もなく奪っておいて、指紋を押せだの何だのと強制する、怪しからんと。その後彼は法務省の前に行って外国人登録証を燃やしてしまう。それでつかまって小菅刑務所に入れられるんですが、喜んで入るというので、内海さんと一緒に面会に行きましたね。

「解放民族」？

内海　占領下の朝鮮人の法的地位の問題で、いわゆる「第三国人」というのがありますね。「第三国人」の範囲は、一般に朝鮮人と台湾人といわれますが、一九四五年の七月に中華民国の国籍法ができて、中華民国国籍をとった台湾人は中華民国国民となって連合国民になります。それと、田中さんがいま言われた国籍処理とはどういう関係になりますか。要するに、台湾人で手続きをして中華民国国民となった人と、手続きをしなかった台湾人の法的地位の問題です。それは在日朝鮮人とはまた異なった問題ですね。

大沼　「第三国人」は、戦後長く続いた朝鮮人への差別意識のなかで差別語として受け入れられるようになったけれど、本来は戦勝国たる連合国の国民でも敗戦国たる日本国民でもない、文字通り「第三国」の人という意味の言葉でした。ですから、中華民国の国民となる手続きをしなかった人は、法的には「第三国人」のままということになるでしょうね。手続きをしたら法的には連合国民として扱わなくちゃいけないわけですから、連合国占領下の日本では日本の管轄権は及ばなくなるはずです。ただ、当時実際にどう処理したかは、実務の方を調べてみないとわからない。

内海　台湾人が連合国民となる一方、朝鮮人は「第三国人」の扱いでした。朝鮮人を解放国民として扱うとの規定が出るのが一九四五年の一一月ですが、解放国民として得た国内処遇はたったひとつだといわれています。四六年三月に朝鮮人の帰国方針が出されたときに、帰国の意志をしめした朝鮮人受刑者には再審の権利を認めるというもの……。

田中　それ、実際に適用された例はあったんですか。

内海　実際に再審が認められて帰還が許可されたケースとして、暴行及び傷害罪と詐欺罪の朝鮮人一人が、ＧＨＱによって許可されたという記録はありますが、全体の数などわかりません。

大沼　朝鮮人を「解放国民」として扱うよう指示した連合国の「解放国民」規定についてはわたしも調べたけれど、その規定は、占領当局に関するかぎり、在日朝鮮人の帰還を促進するという意味しか持たなかったのではないでしょうか。「解放国民」という規定は単なる建前であって、それを実地にどう生かすかということは、占領当局のなかでほとんど議論されてもいなかったというのがわたしの理解です。最近の研究では検討が進んで異なる史料やそれにもとづく別の理解が出ているかもしれませんが。

内海　「解放国民」の規定には、「場合によっては敵国民として扱う場合もある」と付記されているように、きわめてご都合主義的な規定だった。結局、実質的な意味はほとんどなかった？

大沼　在日の人にも朝鮮半島の朝鮮人にも不幸なことであったけれども、占領軍にはごく少数の例外を除いて朝鮮の専門家はほとんどいなかったのではないか。また、南朝鮮米軍政庁にいた米国人スタッフは、日本のGHQの人たちに比べて質がかなり劣っていたのではないか。当時の史料を読んだ印象としては、ひたすら治安を維持しなければならないという関心が強かったように思えます。

内海　のちに大韓民国初代大統領になる李承晩《イスンマン》が、アメリカに亡命のようなかたちでいたにもかかわらず、占領を視野に入れた研究がなかったのでしょうか。

大沼　彼には米国の要人や知識人への影響力があまりなかったのではないですか。中国人で米国にいた人のなかにはかなり影響力を持っていた指導者がいたけれども、李承晩の一派はそうした力を持っていなかったように見える。先ほども言ったように、韓国でも北朝鮮でも、植民地にされた間も国家としての継続性はあって、日本の植民地支配は占領なんだという解釈が支配的ですね。第二次大戦中日本に抵抗して独立国として戦争をしていたというのですが、その実態はそうした解釈を裏付けるものとはいえなかったのではないか。わたしはその問題について最近の研究まできっちりフォローしていないので断言はできませんが。

内海　朝鮮人のBC級戦犯裁判で、弁護士がその点を主張しようとしています。朝鮮は日本に宣戦布告しており、日本と戦った連合国である。だからその国民は戦犯裁判の対象にはならないとの主張ですが、この主張は認められませんでした。李承晩がアメリカで活動したり、上海臨時政府の活動が連合国の間で承認されていたらBC級戦犯裁判も違っていたはずです。

大沼　そうですね。独立後も、韓国政府がもう少し対米影響力を持っていれば、在日朝鮮人の日本からの帰還問題でも、サハリンの残留朝鮮人の韓国への帰還問題でも、もう少しなんとかなったはずだと思うことがずいぶんありましたね。

田中　金九《キムグ》（一八七六—一九四九。戦前から戦中期の朝鮮の民族運動の指導者）が生きていればだいぶ違ったという人があるね。

内海　金九の帰国は李承晩より遅れていますよね。一九四五年九月六日にソウルでは朝鮮人民共和国の成立が宣言されていますが、これもアメリカ軍政庁が否認している。結局、アメリカは日本占領・統治時代の機構と人員を軍政のなかで利用した、これが親日派の清算を遅らせることになっていますが、最近、韓国で『親日人名辞典』（全三巻）が刊行されているので研究がすすんでいると思います。

加藤　そのようなことをうかがっておりますと、日本が予想より早く降伏したことの意味の重さがよくわかります。高麗大学の中国史と朝鮮史の専門家が、朝鮮半島から見ていると、日本の敗北があれほど急速であるとの予想はつかなかったと言っていたと思います。アメリカ側が原爆投下後、日本軍によって通信施設が故意に破壊される前に日本を占領するために作成した計画案というのを見たことがありますが、日本本土そのものへの進駐と、朝鮮半島への進駐の日程には、かなりの差がつけられていました。その間、その虚を衝くかたちで、解放後、三つの政権が誕生するだけの時間が客観的にあったということですね。

それでは、次に、サンフランシスコ平和条約と国籍条項に関するお話から、BC級戦犯と国籍の話に軸を移しましょうか。これについては、内海さんどうですか。

BC級戦犯のなかの国籍問題

内海　わたしはなぜ朝鮮人や台湾人が戦争犯罪人になったのかという疑問から出発して調べていきました。そこに戦争裁判のあり方や連合国の政策がかかわってきます。もうひとつは、サンフランシスコ平和条約第一一条の規定、日本国民である戦犯への刑の執行を日本国が引き受けるという規定は、スガモプリズンにいる日本国民(Japanese National)に対する規定であったわけですが、日本国民でなくなった朝鮮人や台湾人は当然釈放されるはずなのに、釈放されなかった。それはなぜなのかと……。

前に述べた「平和条約の締結に関する調書」には、戦犯に関する議論は少ないですね。条約起草の過程で、日本側は戦犯の一括釈放と、条約の発効以降は戦犯の新たな訴追はしないという要求を出しています。アメリカは、新たな戦犯の訴追をしないことは受け入れますが、戦犯の一括釈放は絶対に認めない。ここには非常に強い意志があって、戦犯裁判という軍事裁判の判決書は正確かつ最終的なものである、だから一括釈放はありえないとの主張です。仮釈放や釈放をするにしても、すべて個別審査を経たうえだと。

日本政府は朝鮮人戦犯の処遇に困ったようです。韓国政府に引き取りを打診しましたが、何の申し入れも来ない。裁判国のイギリス、オランダにも打診していますが、釈放は認めないという。ならばそっちで引き取って刑務所に入れようとどうしようと勝手にやってくれというようなことまで日本が裁判国に交渉した文書が、九八年に外交史料館が公開した資料の中にありました。つまり政府当局者は朝鮮人・台湾人戦犯のことを知らなかったのではなくて、占領下の彼らの地位、そして独立したあとに彼らを抱えたままでいる面倒くささを十分知っていて、それを回避するために、できれば彼らの国籍のある国に、それが無理なら彼らを裁いた裁判国に引き取ってくれという交渉を非公式にであれしていたわけです。

加藤　第一一条の起草過程で、いま言われたような問題が出てくるぞという意識がアメリカ側にはなかったんでしょうか。

内海　アメリカなど連合国にはそういう意識はなかったようですね。ＢＣ級というのは通例の戦争犯罪を犯した者であり、国籍に関係ないということだった。もちろん連合国人の場合は違っていますが。

田中　第一一条は、日本の国会で議論するときに話題になっているのですか？　日本国民というなかに朝鮮人が入るかどうか。

内海　先ほど名前の出た西村条約局長は、参議院の「平和条約及び日米安全保障特別委員会」で、第一一条で拘留されるのは「日本人」だけと答弁しています。五一年の一一月一〇日です。衆議院の法務委員会でも大橋武夫国務大臣が同じような答弁をしています。これは同じ月の一四日です。

ところが五二年の四月一二日なると政府答弁がとつぜん変わって、「裁判当時」に日本人であったものに対して刑を執行する、すなわち朝鮮人も拘留すると変更されました。同じく、法務委員会での政府委員の答弁です。それで条約を実施する国内法(法一〇三号)では「日本国民」という用語が「者」に変わっています。つまり「日本国民」に限定しないことにして「日本国民」でなくなった朝鮮人・台湾人も拘束できるような国内法を制定したのです。

処罰するも、補償は与えず

田中　先ほども言ったように、ＧＨＱがいなくなったあとで、国籍による差別があたりまえになります。そんなこと誰も気にしなくなるのです。それで、ＧＨＱがいなくなって最初にできた法律が、一九五二年四月三〇日公布の戦傷病者戦没者遺族等援護法です。当然のようにそこには国籍条項が出てくる。九〇年代に入って、わたしはこの法律をめぐる在日の戦傷軍属のいろんな裁判にかかわり、意見書も書いたんですけれど、そのなかで大きな矛盾にぶつかった。つまり、サンフランシスコ平和条約第一一条の規定は「日本国民」への刑の執行は日本国が引き受けるとあるにもかかわらず、日本は、朝鮮人にたいしても台湾人にたいしても、そのまま引き続いて刑の執行を行った。それが裁判になって、一九五二年七月、それにたいして最高裁の大法廷が、刑を受けたときに日本国籍であるものは、その後国籍に変更があっても刑の執行に影響はない、だからそのまま入れておいてよいという判決を出した。

もしそう考えるのなら、戦争のときに日本国籍であった朝鮮人や台湾人がケガしたり死んだ場合、その後国籍がどうなろうと補償に影響を及ぼさないとどうしてならないのか？　我が裁判所はそちらの国籍差別はかまわないと言う。いったいどうなっているのか。

加藤　田中さんの問題提起は、なんだか、うかがっていて、胸の一部がえぐられるような気持ちがします。

大沼　法的にいえば戦争犯罪を犯したときに連合国との交戦国だった日本の国民であったことが決定的であって、そのあと国籍が変わっても刑を免れるものではない。これは法の論理として認めざるを得ないものだと思う。法は「犯罪」を裁くのであって、犯罪「者」を裁くわけではないから。ただそうであるとしたら、不利益処分のときにはそうやっておいて、年金とか補償の場合にはもう日本国籍がないということで対象からはずすというのは、田中さんが言うように、どう考えてもフェアでない。しかも、「在日韓国・朝鮮人に日本国籍がない」というのは、日本政府が彼・彼女らの国籍を剝奪したから、「ない」わけですよ。さらに国籍を剝奪した法務府の民事局の局長通達の際に、日本政府は韓国や北朝鮮の政府と協議することも、その国内法を参照することもいっさいなく、日本の戸籍を基準にして国籍剝奪を一方的に断行した。このように、自分たちが勝手に国籍を剝奪しておいて、年金や補償については「国籍がないから」といって排除する。そうしたやり方はいかなる法にも妥当する根本的な公正の理念に反する。まして、基本的人権の尊重を理念とする戦後の日本という国家が決してやってはならなかったことのはずです。

戸籍による排除

内海 しかも援護法は、国籍ではなく戸籍法で朝鮮人を排除していますね。それは、この法律は一九五二年四月一日にさかのぼって適用するとされているのですが、その場合サンフランシスコ平和条約発効の四月二八日までは日本国籍を持っていた朝鮮人・台湾人を排除できない。だから国籍でなく戸籍法の適用を受けていたものに限るとして、「朝鮮戸籍」にある朝鮮人と「台湾戸籍」にある台湾人を排除したのです。同じ論理は一九四五年の衆議院議員の選挙法改正でも使われた。選挙権は当面のあいだ「戸籍法」を適用されたものに限る、と。「戸籍法」には朝鮮人・台湾人は含まれない。女性は選挙権を得ましたが、同じ法律で在日朝鮮人と台湾人は排除されたわけです。

田中 大沼さんの言った民事局長通達も、基準は戸籍ですね。日本人の女性で朝鮮人男性と結婚していた人は「朝鮮戸籍」に入っているから、日本国籍をなくしてしまう。一方朝鮮人で、養子縁組とか婚姻とかで日本戸籍に入っている場合は、そのまま日本国籍が残るということです。だから排除の基準は、実は国籍ではなくて戸籍なんです。実に巧妙です。

内海 日本の国籍は血統主義ですが、その日本国籍をさらに「戸籍」で分類して、田中さんの指摘されたように統治のなかで巧みに使い分けていきましたね。

加藤 時代がさかのぼって恐縮なんですが、大隈重信内閣以来ずっともめて、寺内正毅内閣でようやくできる、「共通法」というのがありました(一九一八年)。徴兵令などは、戸籍法の適用を受ける満二〇歳以上の男子というようにできているわけですね。それに対して、戸籍法の適用を受けない異法域の人々の戸籍に入っている人に対する法令については、共通法という領域を作ってカバーしていたわけです、戦前は。

大沼　戸籍というのは比較法制的にみてかなり信頼性の高い正確な国民把握制度だったんでしょうね。戦前からずっと内地戸籍と朝鮮戸籍と台湾戸籍と分かれていて、戦後もそれ以外の基準は日本政府の官僚たちの頭に浮かばなかったのかもしれない。田中さんは「巧妙」と言ったけど、彼らからすれば「あたりまえ」のことだったともいえる。「共通法」はそうした戸籍制度を基礎にして、朝鮮、台湾を含む日本の植民地法制を支え、調整する制度だったわけです。

他方、朝鮮半島には戦後、在外に居住する朝鮮民族をも自分たちの国民として一体のものと見ようとする国家が生まれたわけです。大韓民国と朝鮮民主主義人民共和国です。この、民族的一体性を即国民的同一性と捉える発想は、日本の単一民族神話と同じく、朝鮮民族個々人の生活と人権の観点からみれば大問題なのですが、それは韓国や北朝鮮の人々の問題です。日本として重要な問題は、当時の日本政府は、そういう朝鮮民族の本国とも国籍に関する交渉を何もしないで、その国籍法も無視して、国籍選択権も与えずに、日本の国内法である戸籍制度を一方的に適用して国籍を喪失させてしまったということ、それを裁判所も学者も在日朝鮮人の指導者も認めてしまったということです。

これは、英仏といったかつての植民地支配国からのアジア・アフリカ諸国の独立に伴う国籍問題の解決や、ドイツに併合されたオーストリアの独立に伴う国籍問題の解決に比べてあまりに荒っぽい、個人の生活を無視した乱暴な措置でした。それをこともあろうに、一九六一年に最高裁が実にずさんな判決で合憲とのお墨付きを与えてしまった。それを、韓国の裵《ペ》載湜《ジェシク》というソウル大の教授が一九六八年に学位論文を書くまで誰も問題にしなかったのです。わたしは一九七〇年代の中ごろから八〇年代初めまで約六年間この問題の研究に打ち込んで、「在日朝鮮人の法的地位に関する一考察」という論考を東大法学部の紀要である『法学協会雑誌』に七九年から八〇年にかけて発表しました(二〇〇四年に『在日韓国・朝鮮人の国籍と人権』として単行本化)。『法学協会雑誌』は日本の法学、法曹の世界でおそらく最も学問的権威の高い雑誌ですから、学者だけでなく裁判官の方々も読んでくださるだろう、将来最高裁も判例を変更するかもしれない。当時はナイーブにそう考えたのですが、甘かったですねえ(笑)。

その後、岩沢雄司という東大のすぐれた国際法の教授――代表的な人権条約である国際人権規約の自由権規約の履行確保機関である自由権規約委員会の委員長も務めた優秀な方です――が、条約の明晰性と確定性という、わたしとは別の観点から、サンフランシスコ平和条約第二条で日本国籍を剝奪することはできないという、非常に信頼性の高い研究を出しました(岩沢『条約の国内適用可能性』一九八五年)。一九六一年最高裁判決の誤りを論証する、これだけ明白な本格的な研究がわたしのものと岩沢教授のものと複数ありながら、その後も判例は変わっていない。

八〇年代以後の、外国人登録法上の指紋押捺制度とか、旧植民地出身者の軍人・軍属の戦後補償問題とか、およそまともな法的な分析と解釈がなされていれば憲法や国際人権規約等の人権条約に反して法的効力が否定されるような国内法上の制度が、日本の裁判では合憲とされ、人権条約の適用が制限的に解釈されて生き延びてきた。在日韓国・朝鮮人の人権を侵害する制度は、過去四〇年間でずいぶん改められ、法的地位はかなり改善されましたが、それは市民運動とメディアの力に押された立法府と行政府による改善で、司法府によるものはほとんどない。

もっとも、裁判所が保守的で外国人の権利保障に理解がないというのは日本だけの現象でなく、「人権の先進国」とされる西欧諸国でもその傾向は強いのです。欧州諸国の国内裁判所で是認された、外国人の権利を制限する各国の制度が欧州人権裁判所で欧州人権条約に反するとされて欧州諸国が国内法の改正を余儀なくされた例は数多くあります。「裁判所は人権保障の砦」というスローガンは、少なくとも外国人の人権に関する国内裁判所については疑ってかかったほうがいい。

現在にいたる外国人差別

田中　いまわたしが在日コリアンの無年金問題で意見書を書いている国民年金法にしてもそうですが、国籍による法的排除というか、国籍に基づく差別が日本国憲法や国際人権規約の平等条項に反するという判決は皆無なんです。実定法で国籍差別をしても、日本の司法は絶対救済しません。そのような国籍問題の原点であるサンフランシスコ平和条約が、岩沢さんが指摘したような根本的な問題を持っているにもかかわらず、いまだにそれを克服できていないというのは、ほんとうに問題です。

加藤　ここまで問題にしてきたことを一覧表にして、読者が一望できるようにするといいと思いますね。どれほどおかしなことが今日まで続いてきたかがはっきりわかるように。このような、微に入り細にまで入った奇怪さはなかなか伝わりにくい。でも、多くの人たちも知れば必ずおかしいと感じるはずです。事実として知らされていないだけでしょう。世界中で、このようなことをしている国は珍しいのですと、比較と相対のなかに置いて考えてみれば、こういった問題に献身して市民運動をやっているのはマイノリティのために闘う特別の人たちで、自分たちには関係のない話、というように捉えがちな若い人も、これは相当恥ずかしいことなのではないか、まずいぞ、とわかるのではないかと思います。

大沼　市民運動にかかわってきた人たちのなかではわたしは比較的「ナショナリスト」的な傾向が強くて、その点を一方で批判もされ、他方で評価もされてきました。わたし自身、日本を愛し、誇りに思う気持ちが非常に強い人間だと思います。ただ、そのわたしが一九五二年に日本が行った国籍処理について、網羅的に諸外国との比較をやって、日本国民としてほんとうに悲しい、恥ずかしいと思ったのは、とにかく在日朝鮮人は厄介者だから朝鮮半島に帰したい、残った人については、まず彼らを外国人にしてしまえば治安対策としても統制しやすいし、あらためて帰化申請をさせることで、そのときにいろいろ条件をつけて選別できると、自分の国である日本という国家の指導者があからさまに考えていたことです。

他方で、在日朝鮮人が日本国籍を剝奪されたとき、韓国政府も北朝鮮政府も、日本国民でさえなければいいという観念的・感情的ナショナリズムの立場から、結果的に日本政府による在日韓国・朝鮮人の権利制限の共犯者となったことも忘れてはならない。「在日」の指導層も含めてすべてのエリートが、在日韓国・朝鮮人の日本国籍喪失を肯定するという点では同一歩調をとったのです。宋斗会さんのように「在日」のなかにほんの少し、そうしたあり方への批判はあったけれども、そういう人たちは無視された。大多数の在日朝鮮人は、日本国籍がなくなることで解放されるんだという神話をその後も維持し続けたのです。国籍がなくなっても、在日朝鮮人は日本にいるのですから、日本の領域主権には服すわけですね。そうであれば、外国人として、かえって日本国籍保持者より権利が制約されたかたちで日本に住み続けることになる。にもかかわらず、「韓国・北朝鮮国籍＝民族性の保持、日本国籍＝民族への裏切り」という固定化された神話が支配し続けた。

在日朝鮮人の当時の指導層には非常に大きな問題がありました。暴力革命に近い路線を採用して、日本政府や占領当局からの弾圧を招くような行為に走った。さらに敗戦にうちひしがれていた日本国民に対して、自分たちは戦勝国民だとしてさまざま軋轢を生む行動をとった。それは、それまでの厳しい差別への反動だったわけですが、しかしこうした「在日」側の問題性も事実として確認しておかなければならない。

日本の司法府の問題性について補足しますと、一九五二年の民事局長通達による国籍の一律「喪失」措置を合憲とする最高裁判決が下されたのは、一九六一年のことです。その時点までには、英仏から独立した諸民族の民族自決権の行使としての独立諸国の国籍法による自国民の範囲確定は尊重しながら、他方で独立諸民族の個々人の生活実態を大切にして旧植民地支配国の国籍を保持し続けることを認めるという、英仏の国籍処理はほぼ国内法上確立していました。日本の朝鮮・台湾独立に伴う国籍問題解決にとって最も適切なモデルとなりうる、ドイツからのオーストリアの独立回復に伴う国籍問題解決も確定していました。にもかかわらず、そうした国際先例をほとんど検討しないまま、信じがたいほどずさんな論理で最高裁は判決を下してしまった。

ドイツは戦前にオーストリアを併合して、在独オーストリア人が多数いました。その解決策は、オーストリアの国民的一体性を重んじて在独オーストリア人についてもオーストリア国籍をひとまず回復させる、しかし、個人の選択によってドイツ国籍も保持できるというものでした。これをドイツは一九五六年に国内法として採用した。一九六一年の日本の最高裁判決の五年前のことです。それに至るまで、判例の動揺はいろいろあったのですけれども。

日本の戦争責任の取り方はドイツに比べると不十分だという、単純で一面的な認識にわたしは批判的ですが、こと、この問題については、日本のやったことは、戦後、人権を尊重する民主主義国家として再出発した国として恥ずかしすぎないか。しかもこの五〇年前の最高裁の判例は、今日なお変更されていない。日本社会全体に深く根ざしている単一民族社会の神話。とくに「人権を守る」はずの裁判官には、その「人権」とは「国民の人権」であって「人の人権」ではないという抜きがたい思い込みがあるように感じられる。他民族や外国籍の人を社会の一員として認めない姿勢では、少子化が進む日本は将来衰退するばかりではないか。ほんとうに残念だし、愚かしいことだと思います。

加藤　とくに司法の解釈を合理的に変えるだけでも、かなりのことができますね。

内海　その司法の解釈を変えるということと関連してですが、八〇年代に田中さんと外国人労働者の問題でテレビの討論番組に出たことがありました。高度経済成長のなかで外国人労働者を入れるか入れないかという論争があった時期です。日本の法務省がとった方針は、戸籍によって日本人の子どもであることが確認できるブラジルやペルーなどの日系人を入れるというものでした。何年ブラジルに住んでいても、戸籍でルーツが日本人であることが確認できる人にはいわゆる単純労働を認める在留資格で選別的に在留を許可した、凄い発想だと思いましたね。

田中　あのときはほとんど議論にもならなかったですね。こういう問題になると、日本社会ではあうんの呼吸でまとまっちゃうんですよ。

内海　インドネシアやフィリピンには、残留日本人、日本兵の子どもや沖縄からの出稼ぎの人の子どもたちもいます。茨城県大洗町の水産加工工場の調査に行ったことがありましたが、働いていたのはほとんど合法的に就労できるビザをもつこの日系インドネシア人。年配の日本人と若い日系外国人が働いていました。同じような光景がいま、日本のいろいろなところで見られます。外国人登録者が二一八万六一二一人(二〇〇九年)を数える時代、国籍や戸籍で排除するのではなくどうやって多文化共生という言葉を現実のものにしていくのかが問われていると思うのですが。

第三章　人権の内実化とアジアからのまなざし

「アジアに対する戦後責任」という思想

加藤　本日は第四回目の討議となります。序章は「なぜ、いま、戦後責任を語るのか」ということで、二一世紀に生きるわたしたちが、なぜ、いまなお、戦後責任を語らなければならないのか、を考えました。第一章は「戦争裁判と戦争責任」ということで、東京裁判を含め戦争裁判が持っていた問題性を論じました。第二章は「一九五二年体制──閉ざされた日本」と題しまして、サンフランシスコ平和条約が戦後責任の問題に与えたインパクトを論じました。五二年体制というのは、五〇年の国籍法、五一年の入管令、五二年の外国人登録法を三本の柱として出発した体制の謂いです。

本章では、「人権の内実化とアジアからのまなざし」というテーマで、アジアからの視線という観点から、おおよそ一九七〇年代から九〇年代までの日本社会で、人権がしだいに内実化していく歴史的変遷を眺めたい、という欲張りなテーマを設定しました。七〇年代からの二〇年間は、日本社会において、戦争責任・戦後責任意識といったものがしだいに浸透し始め、そこから、日本が起こした戦争によって被害を受けた人々の人権の尊重へと目が向いていった時期でもあります。被害者救済の鍵としての人権というかたちで、人権意識の向上、制度の改善と結びついていったと考えられます。

しかし、そのような積極的な側面があった一方、アジアからの視線とはズレも生じてくる。この時代の運動として必ずしも正確な評価が下されたとはいえない全共闘運動や新左翼運動が持った意義、また、日本の東南アジアへの経済進出と二国間賠償がもたらしたインパクトなどについても、本日の話でカバーできればと思います。日本企業の海外進出に伴う問題については、内海さんが早くから取り組まれていました。外国人の入国管理については、田中さんが取り組んでこられた。そして、韓国や中国だけでなく、東南アジアとの問題についても、お三方が中心になってつくられた「アジアに対する戦後責任を考える会」の機関誌『戦後責任』に、タイのスリチャイさんや、フィリピンのルーベン・アビトさんたちが登場していることからもわかるように、お三方はほんとうに早くから自覚的に取り組まれてきました。

ただ、今回のお話もまた、分析視角と歴史変遷双方を視野に入れなければならず、複雑な話になりそうです。よってまずは、大沼さんに、展望的なお話をしていただくことにしましょう。

大沼　「人権の内実化とアジアからのまなざし」というテーマで考えたいことは、「戦後責任」との関連で日本の戦争や植民地支配の被害者の人権が語られ、人権の理念が社会に定着していくなかで個々の問題が解決されたということの意味です。戦後日本で人権保障が定着していったということは、たんに抽象的な観念として人権が受け入れられたということではない。とりわけここで議論しようとしているテーマは、日本人あるいは日本国民でない――「日本人」というときに日本社会の人々がイメージするものと、「日本国民」のそれとの微妙な関係(重なる部分とはみ出す部分)がまさに問題なのですが――他民族の方々、さらに外国人、とくに日本の侵略戦争と植民地支配で大きな被害を被ったアジアの人たちの人権保障です。それは、七〇年代以降の時期に明らかになってきた具体的な問題の解決を追求するなかで意識され、研究され、主張され、実現されてきた。そうした具体的な日常生活のなかで人権を実現していくという思想、インテリの頭の中だけにあるのでない、生活の糧となる思想が重要です。

在日韓国・朝鮮人は、当時日本社会で強固だった差別と偏見の下で、公営住宅に入居できない、銀行や国民金融公庫から融資を受けられないというように、日々の日常生活を送るなかで具体的な被害や不利益を受けていた。それが「人権侵害」問題として意識されるようになり、その解決が模索された。同様の問題は、日本が受け入れ、お世話して、将来アジアのリーダーとして育ってもらうべき留学生の処遇という点においてもあった。アパートが借りられない、東南アジアや韓国などの母国が露骨にバカにされる、友人ができない、等々等々。

アジアに対するわれわれの視点に大きな欠落があったことも、この時期に明らかになった重要な点だったと思います。日本でアジアというとどうしても東北アジア、つまり中国・朝鮮半島に関心が集中してしまいますが、アジアには、東南アジアも、南アジアも中央アジアも西アジアもあるわけです。このように、「アジア＝東北アジア」というわたしたちの視界には大きな欠落があった。それが、東南アジアにおける反日暴動や賠償請求問題、ベトナム難民問題などのかたちで、一九六〇年代から七〇年代にかけて具体的に見えてきた。そこで出てきた問題を事後的にとらえて、わたしたちは八〇年代から、「アジアに対する戦後責任」という大きな思想枠でとらえるようになったわけです。

内海 一九八五年の女性差別撤廃条約、それとの関連で国籍法の改正も重要ですね。

大沼 八五年は女性差別撤廃条約と国籍法改正の年として銘記されるでしょうが、それに先立って七九年の国際人権規約の批准と八一年の難民条約の批准が、日本とアジアの人々との関係を大きく変えていった。このことが「戦後責任」の文脈で重要です。これで七〇年代からのベトナム難民受け入れに関する日本の消極的な姿勢がすこし変わった。これも、「難民の保護」という抽象的な話ではなくて、目の前のインドシナ・ベトナム難民というきわめて具体的な存在にどうかかわるかという問題であり、日本に向けられた世界のまなざしに日本社会がどう対応していくかという大きな問題のきっかけとなった具体的問題でした。国際人権規約と難民条約の批准は、在日韓国・朝鮮人をはじめとする定住外国人の処遇にも大きなインパクトを与えました。定住外国人の権利を制限していた多くの国内法がこれをきっかけに改正を余儀なくされたからです。

また、一九八〇年代から九〇年代初頭は、「指紋押捺制度」に代表される外国人登録法の問題性が論議され、改正が実現した時期ですね。八〇年代に在日韓国人の指紋拒否闘争が盛り上がり、約二〇年かかりましたが、一九九九年に外国人登録法が改正されて指紋押捺制度は撤廃された。あれは日本の市民社会、その運動のひとつの大きな達成ですね。

共通の出発点としての入管闘争

田中　いまの大沼さんの話の前史である、六九年から出てくる入管令改正の問題に一言ふれておきたい。このあたりから外国人の人権というか、「外国人管理」の問題が出てくるのですが、これに対して、当時は入管闘争と呼ばれた運動が起こりました。六九年に最初の入管法案が出されて、七〇年は安保改定で出されなかったけれど、七一年、七二年、七三年と合計四回、国会に法案が出されるんです。当時はベトナム反戦運動があって、入管法のひとつの狙いは、外国人の日本での政治活動を封じこめるということでした。しかし、自民党の単独政権の時代であったにもかかわらず、入管法は四回出されてもついに成立しない。今でも覚えているんだけれど、いちばん最後の法案提出のときには、「出入国管理法案」の「管理」というのがイメージを悪くしているというので、「出入国法案」と変えるんですが、それでも通らなかった。

加藤　佐藤栄作内閣と田中角栄内閣のときのことですね。一九六五年の日韓条約によって、韓国国籍者に協定永住資格という、それまでに比べて有利な法的地位を認めた後で、政府はまた逆の方向、外国人の政治活動の規制条項を盛り込んだ入管法改正を図ろうとしました。法務省の硬派路線の最たるものでした。大沼さんの『新版　単一民族社会の神話を超えて』(一九九三年)が、まさに副題の「在日韓国・朝鮮人と出入国管理体制」とあるように、この問題についての、まずは読むべき参考文献となっていると思います。

大沼　当時は自民党は国会で野党の二倍近い勢力があって、自民党と野党が「$1\frac{1}{2}$体制」と言われていた。それほど自民党が強かった時代に、政府提出の、しかも「外国人管理」という日本のなかのマイノリティにかかわる、およそ反対の運動を支える市民的・大衆的基盤のなさそうな問題なのに、四回にわたって政府提出法案が審議未了で廃案となった。これは日本の政治史上きわめて興味深いことだったと思います。

この入管法「改正」法案への批判、反対運動は、当時それと思想的に重なり合っていた全共闘運動・新左翼運動の意味付けともかかわるように思います。わたしは学生時代にそういった「反入管」の思想や運動を目の前にして、保守的な学生であったにもかかわらず大きな衝撃を受け、目を開かされた。異質に見える他者を同等な仲間として見なければならないということをそこで教わったわけです。わたしにとって全共闘運動というのは、むしろ反入管闘争であり、ベトナム反戦運動でした。

内海　入管法については三人がそれぞれ異なる視点からアプローチしていましたね。わたしが日本朝鮮研究所が出していた『朝鮮研究』にはじめて書いた文章は、「「韓国技術研修生」受け入れ計画」(一九七〇年一二月)で、そのあと七二年に「「経済援助」と「国民的合意」の意味」を書きましたが、これは入管法を改正しようとする政府の意図のひとつが、日本企業の海外進出に伴う国内法の整備にあったという視点に基づいたものです。なぜ、「技能研修生」という在留資格を新たに設けたのか、この視点から見ると法案のなかに、アジアから「経済侵略」と批判された、賠償を梃子にした企業の東南アジア進出への動きが具体的に見えてきました。このように総連(在日本朝鮮人総連合会)や民団(在日本大韓民国居留民団。現在は「居留」は省かれている)の分析とは異なる視角から問題に取り組んだのです。なぜいま、政府は国境管理の法律に手を付けるのかと。田中さんたちとも勉強会をやったり、日本朝鮮研究所でも法案を逐条検討して、どうしてもわからない場合、法務省に電話したり入管局次長に面会に行ったこともありました。これは『在日朝鮮人――その差別と処遇の実態』(佐藤勝巳編、一九七四年)にまとめられています。

入管法の改定は在日朝鮮人問題、もうひとつは国境を越えた日本資本の移動に伴う問題だと考えていたのです。その意味で六九年に法案が出されたのは象徴的です。六五年の日韓条約締結以降、国内に准看護婦やかまぼこ工場の労働者というようなかたちで韓国人の研修生がはいりはじめていましたが、これはいわゆる低賃金の外国人労働者でした。進出企業にとって重要なのは、現地の工場で労働者を指導できる中間管理職、技能研修生の養成を企業は必要としていた。そのために在留資格を整備する必要が出てきた時でした。

田中　七三年に最後の出入国法案がつぶれるんですが、そのとき入管局次長の竹村照雄さんと話していたら、こう言うんです。「皆さんにはおわかりいただけないでしょうが、われわれにとっては四回法案を出して四回とも通らないというのはきわめて屈辱的なものなんです」と。それで彼は、入管発足二五周年(一九七五年)を記念して、「今後の出入国管理行政のあり方について」というテーマで、入管の職員を対象に論文募集をやるんです。それで入賞したのが有名な坂中英徳氏の論文

「今後の出入国管理行政のあり方について」です。

竹村さんは個人的に話していると面白い人でね、「入管は根本的に考え直さないといけないと思っている」と言うんです、法案が四回もつぶれたから。わたしは、「本気でやり直すんだったら、いくらでも提案しますよ」と言って、そのとき二つ提案した。ひとつは、「あなたは黒塗りの車で行くから何も感じないだろうけれど、なんであんなに不便なところに入管を置くんですか。日本人が旅券もらうときは有楽町駅の前でしょ」と。

もうひとつは、在日のようにずっと日本で生まれ育っていると、外国人登録証の切り替えを忘れてしまうんですよ。忘れると法律違反だからいろいろ面倒くさいことが起こる。日本人でも運転免許証の書き換えを忘れる人が多くいて、切り替えを誕生日にした。そのことを竹村さんに言ったんです。「入管は、登録証の書き換えを忘れる人がいるから、誕生日にしようと考えたことありますか」と。「文句を言う人は多いけど、こういうこと言う人は珍しいな」と言いながら、一生懸命メモして、それがあとで全部実現しました。

それは、法案を四回つぶされたということを真剣に考えたからだと思う。それほど当時の運動の力は強かったんです。それ以来、四〇年経って、二〇〇九年にはたいした議論もないままに入管法の改定や外国人登録法廃止と住民基本台帳法の外国人への適用などがさっと通っちゃった。一体どうなっているんだという思いですね。

加藤　二〇〇九年の改正入管法は一二年七月が最終施行で、利便性の向上を法務省は強調しますが、転居や転職などの個人情報の把握など、問題も指摘されていますね。

大沼　七〇年代から八〇年代には、竹村さんもそうだったけど、入管局の中堅や若手にものごとをよく考えている人たちが結構いましたね。こんなふうに言われたことを今でも覚えているんです。「大沼先生が『中央公論』や『朝日新聞』などに書かれることは、自分たちは（法務省の）中では書けないし、すぐに実現もできない、しかし五年・一〇年後にはわれわれもやらなきゃならないと思っていることなんです。それを、東大法学部助教授という肩書で公けにしてくださるので、自分たちはありがたいと思っている」と。そういう層が一定程度いたんですね。

田中　入管というのは戦前の歴史がない役所なんです。戦前は全部内務省、警察でしょう。入国管理というのはアメリカが移民局の発想を持ってきて作ったから、何もかも自分たちで考えてやらなきゃならなかった。そういう意味でプライドもあったでしょうね。

大沼　ただ終戦直後に限っていうと、まだ戦前の内務省の外事警察の特高の連中が押さえていたから、それはすさまじいものでした。朝鮮人への極端な差別意識と反共意識にこり固まったような人たちがすくなくなかった。それが七〇年代になると、結構リベラルな人たちが出てきた。

加藤　入管法が成立しなかったのは、ベトナム反戦運動という社会の状況のほかに、国内労働者を護ろうとする労組との擦り合わせがうまくいかなかった、ということだったんでしょうか。

内海　当時、政労使一体の組織がありましたが、経済界の一部は外国人労働者を入れることに賛成だったんですが、労働組合が猛反対。つまり労働組合と法務省、警察などが反対だった。

大沼　本格的に調べていないので単なる推測ですが、通したい勢力と通したくない勢力との組み合わせの点でも、法案作成の技術の点でもまずかったんじゃないでしょうか。国会は野党の社会党が自民党の半分の「$1\frac{1}{2}$体制」なんだから普通なら法案が通らないはずはないわけですが、四回出して四回とも通らなかった。国会審議のスケジュール上廃案にされるものも多いので、政府内で法案の優先順位が低かったという事情が働いていた可能性もあるでしょう。

もうひとつ、六〇年代から七〇年代の反入管闘争で初めて学んで印象深かったのは、今では想像もできないことだけれど、当時は韓国と台湾が軍事独裁体制で、日本に政治亡命者的な人がかなりいたんですね。日本政府がその人たちの在留を認めないで送り返すと、死刑あるいは無期懲役というたいへんな事態になる。新聞などメディアも、そうしたことはかなり書いていたと記憶しています。

田中　東大生で、台湾独立運動をやっていた学生が台湾に送り返された事件がありましたね。

大沼　劉文卿事件などですね。先ほど内海さんがご自分の最初の論文にふれられたけれど、わたしの最初の論文は東大法共闘編『告発・入管体制』（一九七一年）に書いた「政治犯不引渡の原則と難民保護」で、それはそうした当時の社会状況に対応した作品です。ただ、表現は過激で内容は稚拙だけど、今日に至る問題意識はちゃんと出ている。我ながら進歩がない（笑）。

加藤　田中さんの『在日外国人　新版』（一九九五年）には、田中さんがアジア文化会館の留学生担当として、留学生と入管法が抱える、ほんとうに多くの問題にぶつかってゆく、失敗も含む多くの貴重なご体験が綴られていて、田中さんの問題へのアプローチがわかり、非常に勉強になりました。

日立裁判の意義

大沼　七〇年代になると、社会党や共産党から独立した、さらに労組型でない市民運動が一般化していきますが、そのなかで、旧植民地出身者を含む「外国人」を「管理」する「一九五二年体制」の不自然さがあらためて浮き上がってきます。つまりこのころになると、在日朝鮮人の二世三世の人口が増えてくるわけです。そうすると、自分は完全に日本社会の一員として生まれ育っているのに、権利享有において外国人としての不利益を受ける、それはおかしいじゃないかという、ごくあたりまえの、普通の市民感覚を基にした市民運動が七〇年代に起こり始める。これを先導したのが、一九七四年に発足した「民族差別と闘う連絡協議会」(民闘連)で、そこに日本人の学者やジャーナリスト、法律家などが加わって、制度をひとつひとつ変えていった。そのような状況を最も早く最も典型的に示したのが、一九七〇年の日立裁判でした。これの意義は非常に大きいと思う。

田中　七〇年一二月に提起された日立就職差別裁判ですね。これは、愛知県生まれの朴鐘碩《パクチョンソク》君が日立製作所の採用試験に合格しながら、在日朝鮮人とわかって解雇されたのに対して、解雇の取り消しを求めた裁判です。

朴鐘碩君は当時はまだ未成年だったので(一九五一年生まれ)、自分で裁判を起こせなくて親権裁判でやりました。あの運動のなかで二つ言っておかなければならないのは、「お前、裁判まで起こして日本の会社で働きたいのか、バカ野郎」という声が一方にあったということ。それともうひとつ印象深かったのは、名古屋で集会があって、裁判の報告が終わったあとに、ひとりの年配の在日の人が立ち上がってこう言ったのです。「日本の皆さんにちょっとお聞きしますけど、わたしたちが市営住宅に入れないことを知っている人、手を挙げてください」。誰も手を挙げない。誰も知らなかったわけです。これはほんとうに印象深かった。こういうことを日本人に向けて発信する空間がこの運動のなかでできたんです。

当時、名古屋は本山政雄という革新市長だったので、門戸を開けさせようと、市役所に行ったんです。そうすると課長がなんて言ったか。「皆さん、よくわかりました。それではうかがいますが、住宅を一〇〇戸建てて、今までなら全部日本人が入居しました。これからは九八戸は日本人かもしれないけれど、二戸は外国人が入るかもしれない、皆さんそれでいいんですね」と聞いてきたんです。これはとてもシンボリックなことでね。ここでもし、少しでもためらいが出たら、もう運動なんてできない。そういうなかで、差別を解消するとはどういうことかということを運動の側も学んでいったのです。

この裁判が大きかったのは、天下の日立を相手に勝ったということです。しかも慰謝料一〇〇万円請求したんですが、解雇無効で、慰謝料も全額認められた。市民運動が強かったですから、日立はかりに負けても高裁にはもって行きませんという一札を取られていたんで、判決は第一審で確定しました。やれば勝てるじゃないかとわかったことは大きかった。泣き寝入りをくりかえしてきた自分たちの側にも問題があるんじゃないかという自覚が、在日社会のなかに生まれた。

それまでは、教員免状を持っていても教員になれないというようなことはいくらもあった。電電公社にも就職できない――「公」の字が入っているところはダメだった。なぜダメなんだと聞くと、電話の架設は日本人の家に入るから、外国人はダメなんだ、というのです。朝鮮人の家に日本人が入るのはいいのかと聞いたら何も答えなかったという話がありますが、そういうなかで問題がひとつひとつ見えてきた。

余談ですが、六五年の四月に「ベトナムに平和を！ 市民連合」(べ平連)が生まれます。それ以後、日本の市民運動の団体名にひらがなやカタカナが入り始めるんです。たとえばこの日立訴訟は「朴君を囲む会」。述語が入ってくるんだね。それまでは「日本平和委員会」とか「アジア・アフリカ連帯委員会」とか「原水爆禁止日本協議会」とか、ひらがなは入らない、役所と一緒です。そういう意味で、べ平連はやっぱり新しい運動の文化を作ったと思うんですが、これらの運動のなかで、在日の差別を射程に入れる運動も出てきたわけです。

七〇年代の新しい動き

大沼　七〇年代でいえば、日立裁判と並んで、一九七七年に金敬得《キムキョンドク》君が最高裁を動かして司法研修所に入ったというのも、歴史的に大きな意味をもった事件だったと思います。それまでの在日韓国・朝鮮人の司法試験合格者はすべて帰化して研修所に行っていた。司法試験には国籍条項がないのに、法の番人である裁判所が、その運用で合格者が司法研修を受けるには日本国民でないとだめだという。これもほんとうに恥ずかしいことだった。最高裁もさすがにまずいと思ったんでしょう、運用は変えて金君の入所は認めたけれど、翌年以降、要項の「日本国籍を有しない者」に「(最高裁判所が相当と認めた者を除く)」を加えただけでした。ただ事件そのものは大きく報道されて、インパクトはきわめて大きかったと思う。

田中　それ以後、一〇〇人以上も在日の弁護士が出ていますよね。金敬得君以前には一三人が合格していたのですが、全部帰化させていた。「帰化してくれれば何の問題もありませんよ」と最高裁の課長が言ったときに、金君は、「わたしは日本の法律を勉強したが、自由業である弁護士になぜ国籍条項がいるかどうしてもわからない。それに帰化するにしても、自発的にしたいので、この資格がほしければ帰化しろと「踏み絵」として示された帰化はしたくない」と応答した。その延長線上に指紋押捺拒否も出てくる。

大沼　七〇年代の初めから市民運動にかかわるようになって、それまでの労組と政党が主導していた運動とは違った自由さを感じましたね。率直に議論ができて、それによってお互いの偏見がしだいにわかってくる。そして自分が変わっていくという経験。それは七〇年代の市民運動のもっていた貴重な質ですね。そのなかで、一九七二年に日中国交回復があって、そこでのちに戦後責任として思想化される意識が少しずつ明確になっていく。これは前に言ったように、本多勝一さんの仕事――『中国の旅』や『中国の日本軍』など――が大きい意味をもったと思うし、『潮』が取り上げた庶民の戦争体験の記録も大きかった。八〇年代になって思想として開花するような意識の運動が、この七〇年代の初めに出てきたのではないか。

内海　中国が大きかったというのはそのとおりですね。さらに一九六〇年代の初めに日本朝鮮研究所ができて(一九六一年)、民間における朝鮮研究、植民地支配の研究について、一定の蓄積があったことも忘れてはならない点です。宮田節子さんや梶村秀樹さん、小沢有作さんたちが日本人の責任において日本の植民地支配の研究を続けていた。そのうえに、大沼さんが言った「民族差別と闘う連絡協議会」ができてくる。これもまた民団や総連とは一線を画して、日本に暮らす在日韓国・朝鮮人として差別と闘うという新しい運動の柱になりました。

田中　「民闘連」は、日立裁判で勝訴判決を得た一九七四年の夏休み、八月に立ち上がるんです。

大沼　文字通り「連絡協議会」で、上からの指令で動く政党・労組主導型の運動ではまったくなかった。それとの関連で、全共闘運動については、浅間山荘事件(一九七二年)になだれ込んだというようにネガティブな側面がイメージされやすいのですが、われわれの視点からすれば、全共闘運動もまたこういう自由な市民運動を育てるという一面をもっていたことになるんじゃないかしら。

加藤　政党がカバーする問題の系というものをぶちこわした、という点では、すさまじい力をもっていましたね。全共闘運動は。

大沼　七〇年代に市民運動の盛り上がりがあり、なかでも七二年の日中国交回復を大きな手がかりにして、後に「戦後責任」として思想的にくくられるようになるものがこの時期にいくつも浮かび上がってきた。その顕在化、結実としてシンボリックだったのは一九八三年です。東京裁判と戦争責任の問題を意識的にアジアとの関係で考える視点を打ち出した東京裁判国際シンポジウムの年であり、「アジアに対する戦後責任を考える会」の発足の年でもあった。ようやく戦後責任という観念が共有され始めた。『季刊 三千里』が「戦後責任」の特集をするのが八五年の夏号です。この八〇年代初めの時期からわたしは意識的に「戦後責任」という言葉を使うようになった。最初のころは、わたしが「戦後責任」と書くと、編集者に「戦争責任」と直されてゲラが返ってくるという笑い話のようなこともありましたね。

内海　七〇年代にもうひとつ大きいのは企業進出、多国籍企業の問題です。六〇年代から賠償をテコに日本企業が本格的に海外に進出していく。七四年一月に田中角栄首相がインドネシアを訪問したときにジャカルタ暴動が起き、トヨタアストラ社が焼打ちされた。日本企業の海外進出が現地でどのような摩擦を生んでいるのか見えてきた事件でした。その頃、武藤一羊さんや北沢洋子さんたちがアジア太平洋資料センター（PARC）で日系多国籍企業の研究に取り組んでいましたし、東南アジアとの連帯が市民運動の視野のなかに入ってきました。反公害輸出通報センターのグループが「醜いJASEAN」という芝居をやったり、日本アジア・アフリカ作家会議が『アジアを歩く 東南アジア篇』（一九七八年）という本を出したりして、連帯するアジアの人たちの顔が見える運動が出てきた。日本の企業進出によって逆にアジアが見えてきたということです。買春観光に反対する運動もこの流れのなかにあります。「売春」ではなく「買春」という言葉も定着しました。この運動は日本とアジアの女たちと連携した運動になっていきました。かつての「大東亜共栄圏」の広がりの中で日本の戦争犯罪や戦争責任を問題にしていったのが七〇年代後半だったとおもいます。

加藤　東南アジアの側で、内海さんたちの研究と連携しうるような組織はあったんでしょうか。女性団体などの動きは現地ではあったのでしょうか。

内海　買春観光に反対する運動は、韓国、台湾、そしてフィリピン、タイなどの女性団体との連携のなかでの運動でした。女たちとのつながりだけでなく、先のアジア太平洋資料センターもアジアの研究者や活動家たちとつながっていました。

わたしがインドネシアに行ったのは、ジャカルタ暴動の翌年で、一九六五年の九・三〇事件（国軍のクーデタとスハルトによるインドネシア共産党の断圧）から一〇年もたっていないときでした。スハルト体制の下でＰＫＩ（インドネシア共産党）は弾圧され、有名なプラムディア・アナンタ・トゥールという文学者をはじめ政治犯はブル島に幽閉されていたころです。虐殺を逃れて海外に亡命した活動家も数多くいました。そうした何人かと一九九〇年代になってオランダやパリで会いましたが……。インドネシアはそのような状態でしたが、フィリピンなどとの交流は盛んでした。

ベトナム反戦運動の影響

田中　そういった流れの背後には、ベトナム反戦運動があったでしょう。

大沼　そう。ベトナム反戦運動は、日本の基地から、日本で作られた爆弾を抱いた米軍の爆撃機が飛び立ってベトナムの人々の頭上にその爆弾を投下するという「現実」をリアルなかたちで教えてくれた。六〇年代後半から七〇年代前半のことですね。ただ、こうした当時の認識がどれだけ正確なものだったかについては、今日きっちりと再検討する必要があるかもしれない。

加藤　ベトナムからの国費留学生の存在は大きかったのでしょうね。留学生が大使館前で、アメリカ政府とサイゴン政権の結託に反対する座り込みをやれば、それに対して今度は、サイゴン政権から留学生に対して帰国入隊命令が出される。そして在留期間の更新申請に対して、東京の入管は、「今後も」「違法な」政治活動は行わない、といった誓約書をとって、在留許可を出したりする。

田中　六五年の二月ですね、米軍による北ベトナム領の爆撃(北爆)が始まるのが。北爆が始まって一週間くらいのときに、ベトナム人留学生が日比谷公園でデモをやるというのでわたしも参加したのですが、彼らが日本で最初にベトナム反戦で動いたんです。「べ平連」結成はそのあとの四月です。そういうこともあって、入管法案は前にも言ったように、外国人の政治活動を縛るというのが大きなテーマで、そこに台湾人留学生の送還やベトナム人留学生の問題、べ平連による米脱走兵の援助などが重なっていた。そしてそれらを国が全部抑えつけていくように見えたから、いろんな流れから反入管闘争の動きが出てきたんです。

大沼　ベトナム反戦運動は、鶴見俊輔さん、小田実さん、日高六郎さんという優れた思想家、活動家を抱えていたから、われわれの世代への影響力は非常に大きかった。しかも実際、脱走兵をかくまうという実践と結びついていました。

内海　あのころわたしはべ平連のデモに行っていました。誰でも入れる一般市民のデモでした。

大沼　政党とも労組とも結びつかない、自由な意思表示ができる場だった。

内海　新橋の土橋で解散集会をしていたとき、機動隊がわーっと襲ってきたんです。みんな浮き足立って逃げようとしたとき、小田実さんが、「皆さん逃げないでください、わたしたちは正当なデモをやっている」とマイクを握って叫び続けていました。一瞬でも逃げようとした自分が恥ずかしかったですね。そのこともあって、小田実さんにはどこかで負い目を感じていました。

全共闘、入管闘争、ベトナム反戦、それに日本企業のアジア侵略に反対する運動が混然一体として動いてきたなかで、アジアに対する加害責任という言葉も研究や運動の中で定着してきた。

戦後補償裁判の出発——台湾人元日本兵

田中　今日の話につながる問題のなかで最初に出てきたのは、台湾人元日本兵の問題だったと思います。インドネシアで「中村輝夫」という名前の台湾人元日本兵が見つかったのが七四年の一二月です。日中国交正常化のあとでしたから、台湾出身の「中村さん」は日本に連れてくるとややこしい問題が起こるんです。だから台湾に帰すということで、発見されたモロタイ島から直接台湾に帰しました。

一九七二年に横井庄一さん、七四年に小野田寛郎さん、そして「中村さん」が、当時相次いで見つかるんですが、横井さんと小野田さんは日本にいなかった長いあいだも全部計算して、恩給などの補償が出るわけです。ところが「中村さん」はなにもない。それはおかしいじゃないかということになって、七七年に裁判が始まる。ところが、台湾との外交関係は切れているし、一方で「中村さん」に限らず、台湾人の元兵士には何の補償もしていないことが明らかになる。軍事郵便貯金や、買わされて焦げ付いていた大東亜債券とか、いっぱいあるわけですが、全部反故になっている。こうして、戦後補償問題は台湾人元日本兵の問題が出発点となるわけです。

加藤　提訴は七七年ですが、自民党の親台湾派の人たちなどが仲介したのですか。

田中　いや、台湾の住民からです。向こうの人たちがやったんです。弁護士は日本人がやりましたが。この裁判については、国際法学者の宮崎繁樹さんが深くかかわりました。宮崎さんは親父さんが著名な軍人で、自分も陸軍士官学校出身でした。いまでこそ国際人権なんてどこの大学でもやっていますが、当時、国際人権法の先駆けのような仕事をした人です。一九七〇年に林景明の『知られざる台湾』という本が出て、台湾人元日本兵の問題があることは具体的にわかってきていたんですが、そこへちょうどこの裁判が出てきて、戦後補償問題の走りになったんです。

裁判は例によって勝てません。ところが、東京高裁の判決で、同じ境遇にある日本人との格差は甚大なので、国政関与者において何らかの解決をはかってほしいという「付言」がついた。それを受けて、提訴から一〇年以上たってですが、最高裁判決の前に特別立法が成立します。そこでは補償額を一人二〇〇万円に決めるんですが、この二〇〇万円は、実はアメリカが戦時中に強制収容した日系人の補償額の二万ドルにならったものにすぎません。相場なんてないですからね。

大沼　この額は、そのあとも日本軍「慰安婦」問題までずっとついて回りますね。

田中　特別立法ができるのは八八年ですが、アメリカは八三年に連邦議会のバーンスタイン委員会が勧告を出して、日系人に対して大統領の謝罪の手紙と二万ドルを補償する。法律ができるのはそのあとで八八年、日本と同じ年です。

台湾人で戦死した人と重度の障害を負った人を含めると三万人ほどで、一人二〇〇万円だから六〇〇億円ということになります。

加藤　この補償は該当者に漏れなく行きわたったと考えていいのでしょうか。

田中　大体行きわたったと思いますね。

内海　ただ、居住地要件がありましたね。日本や中国大陸に行った人は除外されています。

七二年の意味するもの

田中　一九七二年に日中関係が正常化されるけれども、そのときの共同声明のなかに賠償放棄というのが入っているものだから、日中の間では、戦争の残した問題は当時表には出てこない。

大沼　中国は、日本のアジア認識のなかでいちばん大きな地位を占めてきたわけですが、戦後かなり長い間、日中関係が「日中友好」をスローガンとする一部のグループによって独占されていたという問題もあって、国民にその存在の大きさがなかなか見えなかったという事情もあるのではないでしょうか。

賠償については、田中さんが言われたように、七二年の日中共同声明で中国が放棄したことで終わったとされた。他方で、日本の侵略戦争の最大の被害国である中国が賠償を放棄したことは、中国に対する贖罪意識、借りがあるという意識を、左右を問わず植え付けたのではないか。いわゆる「保守」系の政治家、財界、官僚の方々にもこの意識は一定程度あったと思います。そこから、賠償は払わないけれども経済協力というかたちで多額の援助をずっと行うことへの暗黙の国民的な合意基盤ができたのではないか。賠償の問題はそういうデフォルメされたかたちで残ったように思います。

もうひとつ日中国交回復で顕著なことは、前にも述べたように、日本が一九三一年から四五年まで中国で犯した侵略や残虐行為、戦争犯罪が、本多勝一さんの作品や『潮』の特集記事などから一般の人たちにも明らかとなり、巨大なインパクトを与えたということです。これが、アジアに対する戦後責任という、八〇年代に姿を現してきた思想を準備したように思います。

アジアに対する戦後責任というのはいたってマイナーな観念にすぎなかった。それがその後日本社会になんとか定着したのは、この時期にまかれた種が八〇年代に芽を出し花開いたということだったのではないだろうか。たとえば、わたしなどから見ると典型的な「朝日‐岩波型知識人」である大江健三郎さんなども、それまでの自分に欠けていた視点としてそうした見方を受けとめて下さったのではないか。ずっと共産党を支持して、「権力＝悪、民衆＝善」というイデオロギーのなかにおられた井上ひさしさんが、後になって東京裁判三部作で民衆の戦争責任を問うたのも、そうした問いに向き合われたからではないか。さまざまな人が本多さんの作品や『潮』の記事に出会って、そこで初めて中国の民衆のひとりひとりをわたしたちの父親たちがどう殺したか、どう火をつけ、略奪したかということが具体性をもって見えてきた。これは大きなことだったと思う。

加藤　七〇年代の『潮』については、わたしも『徴兵制と近代日本』(一九九六年)という本を書いたときに、兵役忌避の資料を集めようとすると、『潮』に載った証言や回想が非常に多かったという記憶があります。鶴見俊輔氏の「兵役拒否と日本人」という優れた論考も、『潮』一九七二年九月号に載ったわけです。それでその活動には刮目していたのですが、あれは創価学会が公明党を立ち上げたあとに、最初から平和問題を柱のひとつとして大切にやろうという位置づけがあったんでしょうか。

田中　創価学会は戦争中に弾圧されているからじゃないですか。それがひとつバネになっていると思う。

内海　最初から平和は大きな柱だったと思います。各地に反戦委員会というのがありましたね。

田中　そうそう、証言を聞いたりね。

加藤　その点で鶴見俊輔さんと『潮』の接点があったのかもしれませんね。

内海　七二年というのは象徴的な年で、日中国交回復があり、福田ドクトリンにつながる国際交流基金ができたのもこの年ですね。東南アジアで日本人へのエコノミック・アニマル批判が噴出し、とくにフィリピンでは、レナート・コンスタンティーノ(フィリピン大学の歴史学教授)が、「昔は軍隊、今は背広服を着た軍隊」という言葉で日本の経済進出を批判して大きな反響を呼んでいた。ところが、批判されるわれわれの方はそれがよく理解できない。フィリピンへ出かけた企業の人が、「日本がフィリピンを支配したことがあるんですか?」と聞いたという話が伝えられていたころです。でもこれは笑い話ではなくて、一九七五年にインドネシアに行ったときわたしも同じようなものでした。日本軍政のことなどほとんど知らなかった。当時は増田与さんの『インドネシア現代史』(一九七一年)と、早稲田大学で出していた『インドネシアにおける日本軍政の研究』(一九五九年)くらいしかなかった。占領の実態についてまだ研究が出ていなかったこともあって、知識が乏しかった点では大差がありません。

それが企業の海外進出が本格化すると、海外子女教育振興財団や国際交流基金ができたり、その前には輸出入銀行ができるなど、体制がしだいに整えられていく。そういうなかで、一九七〇年代の後半に井村文化事業社が、アジアの文学を翻訳・紹介し始めています。そのような動きとベトナム反戦運動が重なって、アジアを具体的にイメージした活動が始まっていく。フィリピンのペタという演劇集団が日本で公演して、それが黒テントなどのアンダーグラウンドの演劇活動などとつながっていくのもこのころです。

加藤　ペタとは、どのような人たちがやっていたんでしょうか。

内海　フィリピンの演劇集団で、高橋悠治さんの水牛楽団などと一緒に公演をやっていました。このころには自分たちの主張をただ言葉で表現するだけでなく、演劇という手段でも表現することがかなりひろくアジアとの連帯運動のなかに入ってきたと思います。わたしも「アジアの女たちの会」で韓国の東一紡織をテーマに芝居を上演した時、牧師の役で出たりしました。

新しい思想と実践のスタイル

大沼　わたしの場合、ベトナム反戦運動や反入管闘争から思想的衝撃を受け、七〇年代から八〇年代にかけて、一方で目の前の在日韓国・朝鮮人問題、サハリンの残留朝鮮人問題などの具体的な解決を仲間たちと市民運動を通して実現しようとし、他方で、東京裁判と戦争責任と戦後責任の問題を思想として育んでいくなかで、一貫して意識にあったのは、日本の政府自民党とそのイデオローグだけでなく、「左翼・進歩的文化人」が見落としていた問題を拾い上げ、それを日本の国民が本来向き合わなければならない問題として提示し、国民に共有してもらうことこそ自分たちのやるべきことなんだ、というものだったと思う。

社会党と労組に代表される旧左翼は、「$1\frac{1}{2}$体制」のなかの現状維持勢力だった。論壇では当時まだ「進歩的文化人」が影響力をもっていたけれども、その人たちの発想も、欧米をモデルにして「後れた日本」をいかにそれに近づけるかというもので、アジアへの視線を欠いたものだった。そういう意味で、自分たちのやっていることは、社会党・共産党の既存の運動や進歩的文化人の欧米中心的発想から離れて、ベトナム反戦、全共闘、反入管闘争が提起した問題、問いかけに即して日本社会の認識の欠落を埋めていく営為なんだという意識が一貫してありましたね。

田中　具体的な側面で見ると、当時の運動は、個別具体的な課題にしつこく取り組んでいくというスタイルです。それまでだと、共産党とか社会党が方針を出して、それの線に沿ってデモに行くとか、署名をやるとか、そういう感じなんです。社共のダミーみたいな組織があって、そこが中心になって動くという方式です。

大沼　政府も外郭団体をいっぱい持っているけれど、社共もいろいろ系列下の団体を持っていた。

田中　ところが政党などとまったく無関係に、公害でも在日の問題でもそうだけれど、誰がなんと言おうとやる、しつこくやっていく、というような運動スタイルに変わっていった。そういう運動スタイルのなかに在日の運動も入ったんだと思います。日立裁判あたりからね。前にも言いましたけれど、裁判を起こしたとき、「そんなにまでして日本人のところで働きたいのか！」みたいな反応があったわけです。いま思えば、それは古いスタイルの側からの反発だったわけです。

内海　在日朝鮮人社会が総連と民団という民族団体に組織されていたなかで、個人の人権や権利の視点から異議申し立てをする新しい運動が出てきたことを示していたと思います。

田中　指紋押捺拒否を最初にやったといわれる韓宗碩《ハンジョンソク》さんも、わたしは非常に印象に残っている人です。彼が拒否したのは新宿区役所で、一九八〇年九月一〇日のことですが、それからそう時間がたっていないときにたまたま話す機会があった。そのとき彼はこう言いました。「われわれはたいしたものを子や孫に残してやることはできないけれども、こんな嫌な思いをすることくらいは自分の代で終わりにしたいと、そう思って指紋を拒否したんです」と。拒否したらつかまって、たぶん大村収容所に送られて強制送還されるかもしれない、それでもいいと覚悟したそうです。ところが実際に拒否したら、拒否したままの登録証をくれて、それで終わり。何もなかったのでかえってがっかりしたというんです。そのときもうひとつ彼が言ったのは、「最近やたらと国際人権とか言うけれど、それなら指紋なんてこんなこと止めてくださいよ」と。

もうひとつ紹介しておきたいのは、法務省との交渉の席に、在日朝鮮人にまじってフランス人神父が同席していたときのことです。法務省の係官が、神父にこうきり出した。「今まで何度も指紋を押してきたのに、なんでこんどは拒否したのですか」と。神父は「こんどわたしが押すと在日朝鮮人を苦しめることになるからです。法に違反しても、わたしは神の教えには忠実でありたいのです」と応答したのです。指紋拒否が新しい関係性を生んだといえるでしょう。

たちまち巨大なうねりとなったこの運動が、組織によって指導されたのではなく、個々人の素朴な思いに発した行為から始まったということは、ほんとうに印象深いことでした。たとえば、わたしたちが市役所に交渉に行くでしょう。こちらはいろんなルートを使って、この市にいま指紋押捺を拒否している人が二人いると確認して来たんだけれど、窓口で聞くと五人いるという。つまり運動の側もつかめないかたちで、新聞報道とか読んで自分で拒否する人がどんどん出ていたわけです。そういう運動の広がり方というのは、それまでの動員するタイプの運動とはおよそ違っていましたね。

大沼　文字通り草の根的な動き。「在日」の「大組織」である民団の男性幹部と総連は最初はほとんど動こうとしないか、むしろ運動に反対。動くのは草の根の個々人とその動きを連絡・調整する民闘連、あとは民団の「脇役」だった青年会と婦人会。このあり方は象徴的でしたね。

田中 そういう状況のなかに、大沼さんの「戦後責任」という切り口や問題の出し方がうまく絡んでいったと思いますね。次に議論するサハリン残留朝鮮人の問題もそうだったと思うんです。せっかく社会主義のソ連の領土にいるのに、なんで軍事独裁の韓国に帰せなんていうんだ、と最初はやられたわけです。

大沼 まるで反共主義者の活動、韓国の軍事独裁政権に加担する行動みたいに批判されましたね。ところでいま田中さんは、指紋押捺撤廃運動のなかで在日の人から国際人権について言われたことを紹介されましたね。その関連で補足しておくと、七〇年代から日本が各種の人権条約を批准していったことは二つの意味をもったと思うんです。ひとつは、人権条約を批准する時期というのが、日本が経済大国になってその行動が世界の関心を引くようになり、政府もそれをかなり意識して、日本は経済大国として国際社会の応分の負担を分担しなければならないという心理状態になり始めた時期、いわば日本人のアイデンティティと世界認識が変わってくる時代であったということです。日本は経済大国なのにまだ人権後進国だからその面を充実させなければならない、という認識が社会的に共有された。そういう意味で、国際人権規約(一九七九年批准)と難民条約(一九八一年批准)、女性差別撤廃条約(一九八五年批准)、こういう一連の条約の批准は、その後日本社会の意識を変えていく意味をもつ大きな出来事だった。

もうひとつは、市民運動のなかで弁護士が前面に出てきて、戦争や植民地支配の被害者の救済を裁判で訴え始めたということです。ただ残念ながら、日本の裁判ではほとんど勝てない。日本の司法府は政府よりも保守的で、人権条約の適用についてはきわめて消極的という問題性が一貫してあるわけです。

それでも七〇年代―八〇年代の運動は一定の成果を上げることができた。それは、日本の市民運動が新聞などのメディアに働きかけ、メディアが裁判を大々的に報道することによって一般市民の関心を掻き立て、それが被害者救済運動の後押しになり、世論という政治的な力となって政府の官僚、政治家に圧力をかけ、また官僚や政治家の一定の共感を得ることができた、そういう構造があったからです。そうした全体の組み合わせによって、裁判では勝てないけれども、立法的改正と行政的変更というかたちで、それまでの差別的で不利益な外国人の処遇が改善されていくことが幾度となくあった。このダイナミックスは、われわれ三人が七〇年代から九〇年代までの運動のなかでそれぞれの現場で強く実感として味わってきたことだと思う。三人がかかわってきた戦後責任の思想とは、そういった市民運動と手をたずさえて育まれ、定着した思想であり、日本の経済大国化に伴う社会全体の意識の変化のなかで開花・定着していったものだと思います。

戦後責任と戦後補償

内海　戦後責任という発想の延長上に、戦後補償という言葉と運動が定着していったと考えていいですね。

大沼　そうですね。裁判の場では戦後補償という言葉が多く使われて、それがまた世論を喚起する大きな力を持った。裁判のなかには「慰安婦」問題にかかわる裁判のようにメディアで大きく報じられるものもあったので、言葉としては「戦後補償」が広く流布したと思います。

田中　戦後責任という言葉を大沼さんが使い始めたのは一九八三年あたりと言われましたね。

大沼　「戦後責任」という言葉をわたしは八〇年代から一貫して使ってきましたが、これはわたしの造語ではなくて、かなり以前から使われているんです。五〇年代前半にごく少数のキリスト者が使ったのがおそらく最初で、続いて武井昭夫氏と吉本隆明氏が五〇年代半ばに文学者の戦争責任の問題を論ずるなかで使っています。ただしキリスト者の場合はごく小さなサークルで一時的に使われただけで、武井・吉本氏もわれわれのようにアジアからの視線を意識したはっきりした意味で使っていたわけではありません。われわれの場合は、わたしだけでなく複数の人が八〇年代初期から、具体的な市民運動とともにずーっと使い続けてきたので、なんとか定着することができたのではないでしょうか。

内海　わたしも一九八二年に出したBC級戦犯の本（『朝鮮人BC級戦犯の記録』）の一章が戦後責任となっていますから、「戦後責任」はあのころにはかなり広く使われていたと思います。

田中　戦後補償という言葉はいつごろからですか。

大沼　戦後補償は、高木健一弁護士が八〇年代の半ばごろに使い出したのが最初ではないでしょうか。

加藤　先ほど大沼さんがふれたことですが、メディアの役割の大きさというか、たとえば新聞の社会面や雑誌の影響など、もっと評価してもよいのではないでしょうか。アメリカの『ニューズウィーク』などはスクープとか速報的なことはやりますが、草の根の社会運動のような息の長い活動はフォローしませんよね。その辺はやはり日本の新聞や雑誌のいい側面かなと思いますね。

大沼　それは実感としてありますね。わたしがこのテーマで『朝日新聞』に最初に書かせてもらったのが一九八〇年で、それは「植民地国家日本と戦争責任」という題で上下二回に分けて掲載されました。それ以来、八〇年代はほんとうによく書いたと自分でも思うくらい、新聞に書かせてもらいました。もちろん担当者からの依頼原稿が多いので、実践的な課題と離れたテーマもあったけど、指紋押捺撤廃とか、サハリン残留朝鮮人の韓国への帰還問題とか、「慰安婦」問題とか、実践的なテーマもかなり書くことができた。総理の靖国参拝とか「慰安婦」問題のように、問題が日韓、日中間でこじれたり、日本社会で感情的・煽動的な議論が幅を利かせている時などは、自分から主要新聞に投稿して議論をまともな方向に引っぱろうとしたこともかなりあります。

インターネットがまだ普及していなかった当時は、朝日、読売、毎日といった主要新聞や『中央公論』などの総合誌に書くことは、かなり世論を喚起する効果があったのです。一九八六年ごろ、畠山襄さんという通産省の幹部の方が主宰する国際経済の研究会のメンバーになったことがありますす。のちに畠山さんから、一九八四年に『中央公論』にわたしが書いた「「ひとさし指の自由」のために」を読んで感銘を受けて、それでこの人を招くようにと部下に指示しましたと言われ、驚いたことがある。畠山さんはとくに勉強家だったから、自分の担当の仕事と無関係のものまで読んでおられたんでしょうが、法務省の入管局の中堅・若手幹部も、田中さんやわたしが書いたものでマイナーな媒体に載ったものまで、ずいぶんていねいに読んでいましたね。政策を形作っていく政府の中核の部分に、政府の政策を批判するものであっても、日本を良くするために役立つなら受容するという態度が一定程度あったということでしょうね。

遺骨と戦後責任

加藤　最後に、少し話の筋がずれてしまうかもしれないのですが、遺骨の問題に関してちょっとうかがいたいのです。中国人強制連行犠牲者の追悼デモというのが一九五三年浅草寺において行われますね。これはこれでずいぶん早いと思うのですが。

田中　一九五二年、大陸と外交関係がないまま、台湾の国民党政府と日華平和条約を結びます。しかし当時は「素晴らしい社会主義国中国」ですから、そこと外交関係を結ぶべきだ、反共の台湾はけしからんという世論が一方にあるわけです。そういうなかで遺骨送還の問題が出てくるんです。一九五二年の四月にサンフランシスコ平和条約が発効すると、同じ年の一二月の北京放送が、もし日本政府にその要求があるなら、中国政府は帰りたいと思っている在留日本人を帰す用意がある、と流すんです。中国の政治的判断が働いたのだと思います。外交関係のない中国に、兵隊だけでなく一般の日本人もいっぱい残っていたんです。それをどうやって日本に戻れるようにするのかというのが大問題だったわけですが、外交関係がないからどうにもならない。

　一九五二年、モスクワで経済会議があったときに、当時国会議員だった帆足計ら三人が、国交のなかったソ連に日本政府の禁を犯して行くわけです、モスクワに。そのときに北京から会議に来ていた中国人と、一行の一人であった高良とみが接触して、引き揚げ問題をなんとか解決したいと申し入れをして、その結果中国からの引き揚げが実現し、舞鶴港の「岸壁の母」になるわけですね。

　一方で日本には、強制連行されて日本で亡くなった中国人の遺骨がそこらのお寺にいっぱいあるんです。それで、日本人を帰してくれたんだから、なんとかしてお返しをしなくてはとなったとき、じゃあ中国人の遺骨を送ろうということになった。

　日本人を乗せて船が来る。それを空にしてまた日本人を積みに中国に戻るわけですが、そのときに中国人の遺骨と、華僑のうちの左派で新中国にシンパシーを感じている人を帰国させることにするわけ。そういう流れのなかで、全国からあつめた遺骨を浅草でまとめて法要をやり行進もした。それが加藤さんの言われた「追悼デモ」です。華僑総会や総評、共産党まで来ました。

　ただわたしが問題だと思うのは、それだけ運動をやっていたのに、日中共同声明ができて日中関係が正常化すると、とたんに何にもやらなくなったことですよ。これもすでに言ったことですが、五八年に、北海道で劉連仁という中国人が「発見」されますね。彼は強制連行されて働かされていた炭鉱から敗戦直前に逃亡して、ずっと逃亡生活を続けていたんです。中国に戻った彼が、九一年秋に、帰国以来初めて日本に来るんです、ＴＢＳのテレビ番組出演のために。ところが日中友好協会は歓迎の集まりひとつやらない。日中の間では賠償もなにも全部終わったという建前の日中友好だったからです。

それで思い出すのは、一九九三年に強制連行問題で中国に行くためビザをとったんですが、突然取り消されたことがありました。三月のことだったんですが、その月は中国では全国人民代表大会と政治協商会議、つまり国会がある時期なんです。ちょうど中国内に賠償問題が出ていたときだから、われわれが行くとそれに火がつくというので入国を止められたんです。強制連行問題は中国では初めは反政府活動だったのです。共同声明前は日中関係が正常じゃないですから、かえっていろいろな運動があったけれども、正常化すると一切やらなくなった。皮肉なものです。

内海　朝鮮人の遺骨については二〇〇五年に、室蘭のお寺にあった朝鮮人労働者の遺骨が殿平善彦さんたち宗教者や市民運動の尽力で返還されます。日本の国内に連行された外国人労働者には、朝鮮人、中国人そして連合国の捕虜がいたのですが、連合国は、日本がポツダム宣言を受諾するとすぐに捕虜収容所の一覧、捕虜名簿、職員名簿を出せと命令し、八月下旬にはＢ29が日本全国の捕虜収容所に落下傘で食糧や医薬品などの物資やビラを投下しています。

田中　秋田の花岡の中国人はみんなそのビラで戦争が終わったことを知るんです。

内海　連合国は、なにをおいてもまず自国の捕虜を救出しようと動いた。九月には日本で死亡した捕虜の遺骨をもって引き上げている。残されたのは中国人と朝鮮人。ただ中国は連合国ですから中華民国代表団が入ってきて交渉している。そして遺骨はいま田中さんが言われたような経過をたどって返されていますが、朝鮮人の遺骨返還は途中でストップし、残されたままの遺骨が多くありました。軍人・軍属や強制動員されたり徴用された朝鮮人の遺骨の中には日本全国の寺院に置かれたままのものもありました。二〇〇四年盧武鉉《ノムヒョン》大統領のときに、「日帝強占下強制動員被害真相糾明委員会」が発足しています。

この二〇〇四年の日韓首脳会談で、韓国から遺骨返還の協力要請があって、日本政府が全国の仏教団体に調査を依頼するなどの動きがありました。仏教団体、なかでも曹洞宗は一四一〇ヵ寺に調査のダイレクトメールを送るなどして遺骨返還に協力しています。こうして二〇〇六年一一月には一七〇二体の遺骨が確認されました。身元がわかり遺族と連絡がついた御遺骨は返還されていますが、二〇一二年になってもまだ、身元確認できない遺骨が多く残されています。シベリアや海外の戦場に残されている遺骸や遺骨もあります。

加藤　さて、本章は、このあたりでしめたいと思いますが、今回のテーマについて、田中さんの書かれたもので、読者の皆さんに参考になりそうなものを御紹介しておきます。田中宏「アジア人こそ歴史の真の審判者」（『戦後責任』創刊号、一九八三年一〇月）をまずは挙げておきましょう。ポツダム宣言を日本が受諾して降伏したとき、国内には二百数十万の朝鮮人と九万人の中国人（台湾人）がいました。日本が締結した「条約が対欧米と対アジアできわだった跛行性をもっている」事実を、田中さんは指摘しています。アジアからの視点といった場合、この跛行性という点は端的に問題の本質を表していると思いました。近いところでは、同じく田中「中国人強制連行と西松和解の位置」(『JCLU Newsletter』二〇〇九年一一月号)、「遺骨発掘六〇周年　八月行動の立ち位置」(『「中国人強制連行受難者聯誼会連合」を支える会通信』二〇〇九年九月一五日号)なども参考になります。

一九三九年七月には「国民徴用令」「朝鮮人労働者内地移住ニ関スル件」の発令があり、一九四二年一一月には、「華人労務者内地移入ニ関スル件」が閣議決定されました。このようにして日本に連行された人々については、一九九三年に、外務省が戦後に作成した報告書が「発見」されることになるわけです。それは、「華人労務者就労事情調査報告書」というもので、約四万人の連行と、六八三〇人が死亡したと記されています。これは限定された性格を持つ史料ですが、それでも、死亡率一七%という数字は、シベリア抑留の一〇%より大きいことは注目すべきものでした。九〇年代以降の取り組みは、また次章以降、お話をうかがいましょう。

第四章　サハリン残留朝鮮人の帰還

サハリン残留朝鮮人問題とは

加藤　本日は、サハリン残留朝鮮人問題についてお話をうかがいます。この問題の概要につきましては、帰還運動を進められた当事者である、大沼さんにまずはお話をしていただかねばなりません。ただその前に、このきわめて難しい問題もまた、戦後責任という観点から見た場合、とても大きな意味を持った運動だったという点を確認しておきたいと思います。わたしの見るところでは、前回のお話にも出てきた高木健一弁護士――この問題にかかわり、運動を主導したひとりだったわけですが――も含め、それぞれに特徴的なアプローチがあったのではないかという感じがあります。

高木さんの場合から見ていきますと、『世界』の「連続討論　戦後責任」で次のように言っています。「半世紀以上も続いた離散家族問題がサハリン残留韓国・朝鮮人問題」であると（二〇〇三年八月号）。つまり、「家族再会」というコンセプトでしょうか。このように考えることでこの問題に、右も左も広く抱擁できるメリットがあったのではないか。それに対して、大沼さんのアプローチですが、同じ座談会で大沼さんは、「日本社会が戦後責任にどう向き合ったかを鮮やかに示す事例……日本政府はサハリン在住の約四万の朝鮮人を見捨てた」と言っている。田中さんも同じ座談会で次のように言っています。「日韓条約で決着済みという枠組みに風穴を開けるのが、サハリン」、つまり日韓条約とのかかわりで、非常に重要なポイントであったと。

一方、内海さんの場合は、日本の戦争責任を考えるのに、南（東南アジア）をおさえるだけでなく、北（サハリン）もおさえることで全体が見えるとの視角でしょうか。内海さんは、もともと在日朝鮮人の存在に即して問題を考えてこられた強みがある。「むくげの会」での聴き取りがそうですね。これについては、『身世打鈴』（一九七二年）、『朝鮮人ＢＣ級戦犯の記録』（一九八二年）という成果として結実しています。

この運動は、一九五八年、まず朴魯《パクノ》学《ハク》氏らによる「樺太帰還在日韓国人会」（設立時は「樺太抑留帰還者同盟」）の結成から始まりました。まずは当事者が声を上げ始めたわけです。このような動きに対して、日本社会はまずはどう対応したのでしょうか。既成の組織、すなわち労働組合や政党は、冷淡な対応を見せました。さらにこの問題は裁判闘争というかたちをとったり、また国連への通報などにも向かいましたが、それらはこの問題を解決するうえでいかなる影響をもったのでしょうか。これらも含めて、お話をうかがいます。

大沼　サハリン残留朝鮮人の韓国への帰還問題は、この本全体のテーマである市民運動における「思想と実践とのかかわり」という観点からも、興味深い実例だと思います。

わたしたちと高木弁護士などが中心になって一九八三年に「アジアに対する戦後責任を考える会」を結成して、それが「戦後責任」という言葉と思想が定着していく発端になるのですが、同時にその会は、実践活動としてはサハリン残留朝鮮人問題を担うことになりました。それは、会のメンバーがサハリン残留朝鮮人問題が何より重要だと考えていたからということではありません。皮肉なことに事実は逆で、ほかの問題にはそれぞれ実践活動の担い手がいて、戦後責任を考える会それ自体が担わなくても何とかやっていけたのです。ところがサハリン残留朝鮮人の帰還問題だけは、それまでの活動が反ソ・反共運動だとしてあまりにも評判が悪くて、われわれのまわりの誰も担い手になってくれなかったので、本来は諸々の市民運動の情報共有・連絡協議会的な役割を担うはずだった「戦後責任を考える会」自体がやらざるをえなかったのです。

これがどういう問題であったのか。詳しくはわたしの『サハリン棄民――戦後責任の点景』(一九九二年)を読んでいただきたいのですが、簡単におさらいしますと、第二次大戦中、当時日本の領土であったサハリンにかなりの数の朝鮮人が主に炭鉱労働者として渡っていったことに由来する問題です。敗戦時には四万人程度の朝鮮人がいただろうと言われていました。日本人は戦後、米ソ引き揚げ協定で日本に引き揚げるのですが、日本人と同じく大日本帝国臣民としてサハリンに渡った朝鮮人は、日本の敗戦後、日本人ではないということで彼の地に残された。朝鮮人の夫と結婚していた日本人妻、その家族も残された。前に議論したように「戸籍」で線引きが行われたためです。その経緯は、『サハリン棄民』のほかにも、『季刊 青丘』という雑誌の一四、一五、一六、二〇号のインタビュー「資料から見るサハリン棄民」のなかで示しておきました。

一九五七年に朝鮮人と結婚していた日本人妻が帰国できることになり、引き揚げが行われたとき、日本人の女性と結婚していた朝鮮人が、日本人である妻の「付録」のようなかたちで日本に戻ってくることができた。そのなかに朴魯学さんという人がいました。この朴さんが偉い人で、五八年に帰ってきて、自分は貧しく余裕のない苦しい生活を送りながら、日本人と結婚していなかったのでサハリンに残らざるを得なかった同胞の朝鮮人の故郷への帰還を実現するため、李義八《イキッパル》さんなどわずかな人たちと運動を始めるんです。日本に着いた直後から。彼らは韓国政府、民団、日本の親韓派に頼るほかなかったので、反ソ・反共運動だとして、ソ連、北朝鮮からは睨まれた。そのこともあって、サハリンを支配していたソ連は残留朝鮮人を絶対帰そうとしなかったのです。

朴さんたちは、その後韓国政府と日本の親韓派に頼る運動のやり方に限界を感じて、七〇年代から新左翼系の運動や反入管闘争のグループの人たちとも接触するようになった。その接触したひとりに三原令さんという、非常に行動力のある女性がいたわけです。彼女はサハリンから帰ってきた日本人妻に着目して、「妻の会」を結成して、その力でサハリンに残された朝鮮人の故郷への帰還を実現しようとしました。

加藤　ほんとうに、草の根の市民運動だったのですね。

大沼　良いアイディアだったけど、解決には至らない。その後も朴さんたちは韓国大使館に働きかけ、自民党に働きかけ、国会に働きかけたけれども、解決の展望を見出せない。最後は裁判をやろうということになって、当時まだ弁護士登録したばかりの若い高木健一さんのところに頼みに行った。高木弁護士は先輩の弁護士を口説き、のちに日弁連会長になる柏木博弁護士なども参加して、七五年にサハリン裁判が始まります。ちょうどそのころ(一九七五年)、わたしのところに、市民運動グループの三原令さんと、三原さんと一緒に運動をやっていた風戸多紀子さん、さらに弁護団の双方からアプローチがあったのです。わたしはちょうど在日朝鮮人問題の研究を始めたところで、サハリンのことをやれる余裕はなかったし、弁護団の法論理もあまりにも大胆なものだったので、実はあまり気が進まなかった。でも三原さんと風戸さんの熱意はたいへんなもので、彼女らの熱意に押されて、これはやらなきゃという気になってお手伝いするようになった。それがその後も二五年間もかかわることになるとは夢にも思わなかった。

加藤　大沼さんは一九七九年から二年間米国へ行っていて、日本にはいませんでしたよね。

大沼　そう。その間、運動に携わることができず、八一年に帰国してみると、市民運動と弁護団とは完全に対立状態に陥っていました。当時は在日朝鮮人の法的地位、とくに外国人登録法の指紋押捺制度、退去強制の問題などが具体的な問題になっていて、また東京裁判の研究会もあって、田中宏さんや内海愛子さんとはいろいろな場面で一緒に考え、研究し、運動する間柄だった。八一年の一一月に、わたしは田中さん、高木弁護士など当時の市民運動の仲間に声をかけて集まってもらい、サハリン残留朝鮮人問題をなんとかしようと話し合った。同時に、個別の課題をそれぞれかかえている仲間が知識や情報を交換し、効果的に市民運動を進めてそれぞれの課題を達成できるフォーラムが必要だという話になった。そこでさらに内海さん、梶村秀樹教授、中村尚司教授、幼方直吉教授、金敬得《キムキョンドク》弁護士といった市民運動の仲間にも加わってもらって、一年以上議論を重ねて、八三年四月に「アジアに対する戦後責任を考える会」をつくったわけです。「戦後責任を考えるも時間がかかったのはそのためです。

会」を、個別問題を抱えている人たちの知識、情報交換の場にすることについては問題はまったくなかったけれど、三原さんたちの運動との関係をどうするかは深刻な問題でした。発足に一年以上も時間がかかったのはそのためです。

日韓条約のほころび

田中　日韓条約でいろいろなことがいちおう終わっているという認識にたいして、それから漏れているものとしてサハリン残留朝鮮人の問題が出てきたのです。国籍確認訴訟をやった宋斗会《ソンドヘ》さんが、歴史に対する日本の責任のとり方のおかしさというのを、彼一流の言い方で言ったのを紹介しましたが（第二章参照）、これはその延長線上にある問題です。たとえばサハリンに連れて行かれた人は、かつては「帝国臣民」として行ったのに、いまや、彼らは「外国人」だからとして放置されている、日本人は帰ってきているのに、そんなばかなことはないじゃないか、となるわけです。宋さんは朴魯学さんたちからサハリンの状況を聞いて、まず弁護士をつけないで自分が原告になって裁判を起こしたんじゃないかと思うんです。その過程で彼は高木さんのところへ行った。高木さんも弁護士登録直後ぐらいの若いときですから、宋斗会一流の論理でやられると――わたしなんかもだいぶ彼にゆさぶられたほうですけれども――たぶんその迫力に押されて、それに嚙んでいくことになったのではないでしょうか。

高木さん自身こんなふうに書いています（『今なぜ戦後補償か』二〇〇一年）。

「弁護士になりたての二〇代後半に、私は当時、東京の六本木にあった法律事務所に籍を置いていた。そこにある日、京都からSという一人の在日韓国人の「老人」が訪ねてきた。……

さて、S老人は次のようなことを私に語った。

「私は『日本人』として満州(現在の中国東北部)に渡り、大陸浪人として戦争中は帝国日本のために尽くした。ところが日本に戻ってきてみれば、おまえは日本人ではないと告げられ、自分の過去をすべて否定されてしまった。なぜ、外国人登録証の携帯を強要されるような屈辱を味わわねばならないのか……我慢がならない」

そして彼は、法務省の門前で自分の外国人登録証を焼いて抗議しようと思うが、弁護士の助言がほしい、と問いかけてきた。私は面食らってこの話を聞いたように思う。

一九七三年のことであった。その年の七月、彼は法務省の玄関先で自分の外国人登録証を焼くという、日本政府への抗議を実行に移すことになるが、そのS老人の口から聞かされたもう一つの「事件」に、実は私の心は強く動かされていた。

それは戦後三〇年近くにもわたり、韓国とサハリンとの間で別離を強いられたまま、直接手紙のやりとりさえできない状態に置かれている人々のことだった。その時はじめて私は「戦後、サハリンに置き去りにされた韓国・朝鮮人」の存在を知ることになった。」

この「在日韓国人の「老人」」というのが宋斗会さんです。

法的にいっても、サハリンに残っている朝鮮人の問題は、日韓条約で終わったと言いきれない。

いろいろ訊いてみると、彼らのなかにはソ連の国籍をとった人もいれば、日本国籍を持ったままでいたため今は国籍を喪失して無国籍になった人もいる。そうすると、日韓の政府間で解決した処理のなかに彼らの問題は入れづらいところがあって、これは何とかしなければいけないという議論が出てきたのです。

加藤　先ほど、大沼さんは、弁護団の法論理を「大胆なもの」と表現されました。高木さんなどの認識としては、宋斗会さんの熱意にほだされつつ、具体的にはどのような法論理で闘おうとされたのでしょうか。

大沼　裁判では、「サハリンに残された朝鮮人を韓国に帰しなさい」という行政府の作為(積極的な行為)を求める請求はできないのです。そういう制約のなかで、弁護団は請求をどう構成するか、非常に戸惑っておられた。最終的に「原告らが被告国との関係で本邦に帰国することができる地位にあることを確認する」判決を求めるという請求にしました。弁護団の中心は有賀正明弁護士でしたが、政治的なことはまったく意に介さない法律の職人。原後山治弁護士も熱心でしたが、有賀さんとは対照的な方で、この裁判は負けるに決まっているけれども、とにかく柏木弁護士を引っ張りだして運動を盛り上げて、国連に行ってアピールすれば何とかなるよ、という方。行動力抜群の情熱家でした。柏木さんはシャッポですからほとんど何もしない。実際になにもかもやっているのは若い三〇代そこそこの高木弁護士でした。

加藤　高名な弁護団の組織の仕方もまずは大胆ですが、その下でなされる運動の仕方もなかなかに特徴的であったとうかがいましたが。

大沼　そう。裁判の弁護団は、高木さんがたいへんな努力をされたおかげで、柏木、有賀、原後といった立派な弁護士がそろいましたが、裁判を支える「裁判実行委員会」は、運動の仕方が非常に特徴的でしたね。三原さんというのはとても人間的な魅力のある人で、まわりに「三原教信者」的な若い男の子たちが集まっていた。けれども、とても危なっかしいところもある人で、韓国大使館員や公安関係者とも会っていて、サハリンは地獄みたいなところだなどと堂々と書く。要するに、サハリン残留朝鮮人を出国させる権力を握っているソ連政府がどう感じるかなど一切顧慮しない、そういう意味では政治的なセンスのまったくない人でした。一方、三原さんを支えていた風戸さんというのは誠実さの固まりみたいな人で、三原さんの迫力と風戸さんの誠実さが組み合わさるとたいがいの人は説得されてしまう。そういう絶妙な組み合わせでした。

イデオロギーを超えて当事者へ

加藤　内海さんの場合は、そもそも在日朝鮮人問題とのかかわりがかなり早かったわけですけれども。

内海　サハリンの問題はお二人が指摘されたように、運動としてかなり取り組みが遅れていました。六〇年代の北朝鮮にたいする認識は「地上の楽園」という言葉に象徴されるようなものでした。先日も、『日本からのお客さん』という、一九六五年に社会党の帆足計たちを迎えた歓迎の様子を撮影した北朝鮮で制作された映画を観ましたが、そこでも、第一回の帰国者を訪問した日本の代表団が「この世の楽園」と語っていました。このような認識が平和運動や在日朝鮮人運動のあいだに広くありました。その北朝鮮になぜ帰らないのか、韓国に行こうとするのか。また、田中さんの年代では盛んだったと思いますが、大学に入った当時も「うたごえ運動」が盛んでロシア民謡を歌っていたし、「平壌は心のふるさと」という歌が歌集にのっていました。聞き書きのなかでも金日成《キムイルソン》を賞賛する言葉を聞くことは珍しくなかった、そのような時代です。それなのにサハリン(ソ連)にとどまらないだけでなく、「楽園」である北にも帰らないのは何か別な考え方が運動の背後にあるのでは——というイメージを持たれていましたね。当事者に寄り添わないで問題を理解しようとした運動の問題が、ここにもあったと思います。

大沼 そう。今日から考えると信じられない話ですが、当時の日本では「北朝鮮＝善、韓国＝軍事独裁・人権抑圧政府＝悪」という、きわめて一面的で歪んだイメージが強かった。八〇年代でさえそう。韓国イメージが大きく変わったのは、八八年のソウル・オリンピックからでしょうか。

内海 当時、サハリンの問題に取り組みづらかったもうひとつの要因に、当時、大学で大きな力をもっていた勝共連合の活動がありました。サハリン残留韓国人の問題と反共の運動とは別であるにもかかわらず、市民運動がなんとなくこの問題に距離を置いていたのにはそういう理由もありましたね。

一九七五年一月、インドネシアに行く直前だったと記憶していますが、関東大震災と朝鮮人虐殺に関する集会がありました。そこで朴魯学さん、李羲八さんたちがサハリン残留韓国人の問題を訴えていたのを覚えています。サハリンから帰ってきた人たちが五八年に「韓国人会」を結成して、六〇年安保以前からずっと活動していたにもかかわらず、なかなか市民運動とはつながっていなかった。それは反ソ・反北朝鮮の運動と見間違われることから起こっていたと思います。その意味では朝鮮人ＢＣ級戦犯の問題も似かよった状況で、こちらは侵略戦争の責任を否定する右翼、親日派の運動と思われたりしました。

一九八〇年に韓国の大邱でサハリンに連れて行かれた留守家族を訪ねたとき、一人の女性に「借りたものは返すでしょう。連れて行ったものは戻すのが人間としての道理でしょう」と言われました。まさにそういうあたりまえのことを、戦後日本はやってこなかった。この聞き書きは高木健一編著『待ちわびるハルモニたち』(一九八七年)に入っていますが、そこが、七〇年代以降、当事者の顔が見える関係のなかで変わり始め、高木さんや大沼さんたちの動きも始まったわけです。

加藤さんの言われたとおり、わたしは一九六九年後半から在日朝鮮人女性の聞き書きをやっていましたが、そこでもサハリンの問題は見えていなかった。帰国した彼らは孤立無援のなかでほそぼそと「韓国人会」を組織して政府に訴えていたのです。それもＢＣ級戦犯の人たちと似た状況です。当事者の痛み、悲痛な訴えにわたしたちの想像力、理解が及ばなかった。

七〇年に韓国で帰還促進会(のちに離散家族会と改称)が作られるのですが、当事者の孤立無援の運動が一〇年近く続いて、その後にようやく三原さんたちや民団の女性たちのサポートが出てきた。

加藤　わたしが大学生のころ、八〇年代初頭の感じでは、勝共連合の存在感は大きかったのです。七五年あたりからこの運動が大きくなっていったとき、勝共連合など、やはり深くかかわっていたのでしょうか。最初に取り組んだのは自分たちなのだといった、そんな感じはありましたか。

内海　当事者の朴魯学さんや李義八さんたちは長い間運動を続けてきたので、勝共連合がどの時点でどこまでかかわったのかはわかりませんが、七〇年代に映画も制作しています(『氷雪の門』)。結局、高木さんや大沼さんたちがかかわるなかで裁判や対政府への要請活動になっていったので、勝共連合とは別な運動になったのではないでしょうか。

当事者と市民運動の信頼関係

大沼　当事者として在サハリン残留朝鮮人の帰還運動をずっとやってこられた朴さんや李さんは、五八年に日本に帰ってきて、お金も何もないなかで、日本人の奥さんからはもっと自分たちの生活を一生懸命やってほしいと責められながら、まず何をおいても韓国大使館に陳情に行ったんです。こういう同胞がいっぱいいるから何とかしてくれ、と。その後、民団に頼るようになり、総連も自分たちのところでもやると言ったのだけれど、朴さんたちは反ソ・反共意識が非常に強かったので、総連とは距離をおいて、民団に頼った。共産主義のイデオロギーがどうのこうのというのではなくて、自分たちがサハリンで経験した抑圧的なものはいやだということです。それで朴さんたちは、民団から、韓国大使館、親韓派の政治家や外務省のここへ行きなさいとか言われて、それに従って五八年から十数年、ずっとそのスタイルで運動をやっていくわけです。その間に勝共連合を含むさまざまな団体、人々との接触があったわけでしょう。

わたしも市民運動を七〇年代からやってきたのでよくわかるのですが、一〇年以上運動をやっているのに展望が開けないとめげます。悪魔と手を握ってでもなんとかしたい、という気持ちになってくる。反ソ意識の強かった朴さんたちが新左翼系の三原さんたちと一緒にやるのは、すごく葛藤があったと思う。それまでの民団や韓国大使館と全然違う人たちですからね。既成の左翼とは違うけど、市民運動であって、彼らからみればやはり「左翼」「アカ」ですよ、ある意味では既成左翼よりもっとすごい左翼とさえいえる。けれどもそこを彼らはなんとか飲み込んで、三原さんたちの新しいスタイルの市民運動に頼った。七五年ごろから高木さんやわたしたちと一緒にやるようになってからは、われわれを非常に信頼してやってくれました。この問題では、当事者の方々と三原さん、高木さん、わたしなどの市民運動との間の信頼関係というのは、ずっと続いたと思います。朴さんが亡くなった後運動を引き継いだ李さんとは、今でもつき合いが続いている。

田中　ひとつは、大沼さんたちが、裁判なども含めて具体的に動かしていったことがあったと思いますね。いままでの左翼の運動と違うのは、戦後責任はなによりも当事者との関係においてある、ということに自覚的であったことです。何らかのかたちで実際に動かなければ、そもそも存在価値がないとみんな思っていたわけです。

内海　現実的に動かすというのに加えて、やはり戦後、市民運動が彼らの訴えを受け止めきれていなかったことが大きい。わたしも含めてですが当時の運動や研究では、韓国にカギカッコをつけて「韓国」と表記していました。国家としての正統性に疑問があるという意味です。

大沼　「独裁政治」「軍事政権」というイメージも強かった。

内海　そうですね。それが「違うんだ」と思ったのは当事者の証言を聞き始めてからです。「戦後責任を考える会」は、一人ひとりが当事者の話のなかから史料や運動では見えなかった問題を考えようとしてきたと思います。

大沼　わたしも大きなことは言えなくて、七〇年代の中ごろから朴さんたちの問題にかかわるようになっても、「軍事独裁国家・韓国」というイメージは残っていました。わたしが初めて韓国に行ったのは一九八一年で、わたしが尊敬する韓国の国際法学者に招かれたのですが、そのときでさえ、全斗煥《チョンドファン》大統領の「軍事独裁国家」韓国に行くことには心情的に抵抗があった。実際に行ってみて、自分の一面的な思い込みを正すことができてほんとうによかったと思いましたが。

李恢成「サハリンへの旅」の打撃

大沼　田中さんが言われたことだけれど、当事者に寄り添うというのは、当事者が望んでいることを、たとえその一〇分の一でも実現できなければ意味がない、そういうことではないかと思うんです。われわれも学者ですから、正論やかっこいいことは言えます。でも、具体的な当事者の死活の利益、救済がかかわっているとき、かっこいいことをいくら言っていても、実現できなきゃしょうがない。とにかく実現できてなんぼの世界だ、という意識は非常に強くあった。

そういった観点から、サハリン残留朝鮮人の帰還問題に関しては、李恢成氏の主張がもたらした「犯罪的」と言ってもいい効果にはやはりふれておく必要があるでしょう。具体的には、彼が『群像』に連載した「サハリンへの旅」(現在は講談社文芸文庫)のなかで正面切って朴魯学さんたちの運動を「道徳的に許せない」と強く批判したことの問題性です。わたしは、李恢成氏は自分の誤った主張をあれほど強い表現で公けにしたこと、その結果、韓国への永住帰還を切望していた人々とその運動に大きな打撃を与えたことに対して、公けに自己批判すべきだと思ったし、今もそう思っています。

実は李恢成氏とは、彼が朴さんへの非難を公けにした後、朴さんと三人で会ったんです。わたしが朴さんの了承を得たうえで李氏に提案し、彼もそれに応じたんですよ。そのとき彼は、朴さんにたいへんな敬意を表して、実に見事な振る舞いでした。けれども彼は、その後もずっとそれを公けに明らかにしていない。彼が朴さんに対して、わたしが目の前で見たような敬意をもっていたのであれば、自分が公けに書くもののなかで、「自分が朴さんの運動を悪態にののしったのはまちがいだった、その結果、朴さんたちの帰還運動に打撃を与えて申し訳なかった」と社会に明らかにすべきです。

加藤　最終的に、作家個人としては、申し訳ありませんでした、と思っていても、いったん、文学作品として表に出てしまっては取り返しがつかないですね。

田中　李恢成氏は自分自身がサハリンからの帰還者ですから、いろいろ事情はわかっている。それなのに建前としてああいうかたちで文句を言う。

大沼　さすが李恢成の文章だけあって、心を打つんですよ、「サハリンへの旅」というのは。

田中　彼は敗戦のとき、日本人にまぎれて戻ってきたんでしょう？

大沼　そうです。

田中　あのときは普通は戻れないんです。さっきも話に出ましたが、朴魯学さんたちは日本人の妻がいるということで帰ってこられた。

大沼　「サハリンへの旅」にはそういうこともちゃんと正直に書いてあるんですよ。しみじみと訴えるものを持つ、すぐれた作品なんです。そうであるだけに、そこに書かれた帰還運動批判はほんとうに破壊的な効果を持ちました。

わたしが朴魯学さんたちの運動の手助けをするようになってから彼らに言い続けたことは、とにかく反ソ・反共と見られないように行動しましょう、ということでした。これは韓国の留守家族や韓国のメディアにも、ずっと言い続けたことです。反ソ・反共と見られたら、帰還は絶対に実現しない。あなた方が反ソ・反共であってもかまわない。ただ、そう見られないように慎重に行動しよう、ということでした。

李恢成氏の連載は八二年の一月から八三年の一月まで。わたしは米国に七九年から八一年までいて、帰ってきて、対立状態に陥っていた三原さんたちと弁護士たちとの溝を何とか埋めて市民運動を再建しようと必死に働いているときにこれが連載された。ほんとうに大きな打撃でした。当時、李氏は芥川賞作家としてたいへんな名声を誇っていましたから。その「李恢成」があれだけ強く非難した運動を「いや、まともな運動なんです」と言っても、誰も聞いてくれない。

田中　一九七一年、在日の作家で最初の芥川賞だものね。

大沼　先に話したように、法的な構成として非常にむずかしい裁判でしたので、弁護団は工夫に工夫を重ねて、機能的に日本国籍を残しているから彼らは日本に帰れるんだという訴状を作ったんですが、李さんは絶対にそれを認めない。きわめて観念的で教条的な立場から、「原告」ら朝鮮人を「日本国籍」の「樺太残留者」だとか「樺太抑留者」と呼び、「本邦」つまり日本人として「日本国」に帰国させようと日本政府に要求しているのである。これは、いったい、正気の沙汰なのであろうか」と断罪する。朴魯学さんについては、「この人物は、朴正煕政権の出先機関である在日韓国大使館と連絡を取り、ときには金大中拉致事件の黒幕を演じたＫＣＩＡの金在権公使とひそかに会ったりしながら、サハリン在住朝鮮人の帰還運動をやってきている」と、見てきたかのように書いてある。

加藤　そういう情報を入れる人がいたのでしょうか。たしかに、これは打撃だったでしょうね。

内海　それは当時の在日朝鮮人の間にあったひとつの見方だったと思います。

田中　宋斗会さんの国籍確認訴訟問題も、まったくそうですよ。日本国籍を失ったところに問題が発生していると主張することは、日本国籍を持っていたことを前提にしています。ところが李恢成氏のような建前論で議論をする人は、そもそも日本の朝鮮支配は不当なものなんだから、日本国籍なんて一度も持ったことはないんだ、それなのに日本国籍を前提に議論するとはなにごとか、というのです。そういう議論がいまでもあるんですよ。

しかし、当事者の肉声としては、宋斗会さんが言うように、「俺はとにかく生まれた時には日本人だったんだから、それを勝手に剝奪しておいて、これからはいちいち入管で許可を取れなんて、ふざけるな」ということになる。それはごく通常の感覚でしょう。

加藤　大沼さんと一緒に高木さんのインタビューに行ったとき、高木さんもそのような問題性についてふれておいででした。原爆症に苦しむ韓国人を日本で治療しましょう、という日本側の措置について、韓国の外交官や大使館が邪魔をしているとしか思えないような行動をとる。韓国人に対する医療は、韓国自身できちんと面倒を見られるのだという、そのような気持ちでしょうか。日本にいて原爆に遭遇したのだから補償を求めるのは当然だと思ってはいけないのだ、という。それはある意味、自国民に対して、選択肢を狭くしているのではないか。

「戦後責任を考える会」の活動と停滞

加藤　先ほど、雑誌の『戦後責任』創刊号とそこに収録されている写真を拝見しました。ずいぶん、参集者が多いように思うのですが。盛況裏の会合に見えます。やはり八三年の創刊号だからでしょうか。多くの人が写りこんでいるのは。

大沼　「戦後責任を考える会」の最初の大きな仕事として八四年に国際シンポジウムを開きました。このとき、韓国からソウル大学の教授と、大韓弁護士協会のサハリン僑胞帰還推進委員会の副委員長の咸正鎬《ハムジョンホ》さん、離散家族会の会長の李斗勲《イドフン》さんなどを招待しました。日本からは有賀弁護士と、桃尾重明さんという日弁連のサハリンの問題の委員長とわたしがパネリストになりました。韓国の人権派弁護士には大言壮語して原理原則論ばかりぶちあげる人も多いんですが、咸さんはまったく違っていて、非常に緻密な論理を駆使して、しかも行動力も抜群の人でした。さらに会場には、日高六郎さん、鶴見俊輔さん、朝日新聞の論説副主幹の今津弘さん、公明党の草川昭三議員、当時の民社党の中野寛成議員、さらに当時ソ連と太いパイプを持っていた松前重義さんもこのとき賛同人として参加しています。このシンポジウムを通じて、まず日本政府と社会へのアピールを行いました。加藤さんが言われたように、このシンポジウム自体はたいへんな盛り上がりを見せて成功だったと思います。

もうひとつ、初期の段階でやった大きいことは、原後弁護士が強く主張したことだったんですが、国連への訴えがあります。

田中　あれは、一五〇三手続き(個人やNGOが人権侵害を国連人権小委員会に通報する手続き)でやったんでしたっけ？　国際人権規約を日本はまだ批准していないときでしょう？

大沼　人権規約は批准していたけど、個人通報できる選択議定書は今でも批准していないので、国連の一五〇三手続きです。八三年六月のことです。原後さんは、日本のマスコミは国連での訴えは大きく取り上げてくれるから、日本国内の世論の関心を高めるためにやろうというわけです。しかしわたしは「考える会」の代表として、ソ連の反発によるマイナスと日本の世論の盛り上がりによるプラスを比較して、一体どっちが大きいだろうかと悩みに悩みました。でもとにかく原後さんがやりたがっておられたので、最後は「いいでしょう」と言ったんですが、結果的にはやはりマイナスのほうが大きかったと思います。

その後ソ連と折衝を重ねてみて、彼らの反発がいかに強かったか、思い知りました。マスコミによる報道も日本国内世論の盛り上がりも、期待したほどではなかった。ひとつひとつの行動のプラスマイナスを考えてそのつど行動を決定し、問題解決に向けて運動を維持していくというのは、ほんとうにむずかしいことです。これは政府であれ、企業であれ、他のNGOであれ、皆さん日々味わっていることでしょうが。

加藤　国家としてのソ連の考えというのは、運動の側では把握しにくいですね。そうした場合、社会の空気の変化から、何かを感じていかなければならないわけですが、具体的にはどのような感触をお感じでしたか。八三年には、ソ連による大韓航空機撃墜事件が起こりますね。このような事件を通じて、「あれ?」というような、変化として実感されるものでしょうか。大学などで、たとえば大沼さんがこのような講演をやります、とおっしゃったとき、たとえば法学部の学生なども「じゃ、聴きに行こうか」といった雰囲気はあったのでしょうか。

大沼　いや、それはなかったですね。八四年の国際シンポジウムのときに一〇〇人くらいの人が参加してくれて、それがピークでした。何といっても、「サハリン残留朝鮮人の韓国への永住帰還」というのはマイナーな問題なんです。しかも韓国のマイナス・イメージと李恢成氏の批判が重なって、評判はきわめて悪い。戦後責任を考える会の例会も、最初のうちは二、三〇人集まってまあ活発でしたが、八五年、八六年になると一〇人も集まらないことが多かった。せっかく来てくださる講師の方に申し訳ないので、何とか一〇人くらいは確保しなければというので、内海さんや田中さんたちに電話をかけまくって、とにかく出てよ、とやっていましたね。そんなことばかりです。

加藤　少ないときは、一〇人くらいでしたか。

大沼　八六年になると、もうほんとうに……。『戦後責任』を出し続けるのもたいへんでした。

田中　何号までいったのかな？

大沼　四号です。それが八七年。四号は内海さんが責任編集で、いちばん分厚い。二号は八五年の二月。三号はその年の夏に出ているので、四号が出るまでに二年近くかかったことになります。それだけ運動が停滞していたのです。八六年後半になると、わたしは問題解決のために議員懇談会をつくるというので、雑誌どころじゃなくなってしまった。議員懇をつくって日本政府に圧力をかけ、ソ連政府と本気で交渉してもらって問題を解決していくことがいちばん大事でしたから。

内海　二年も間があいたのによく出ましたね。

大沼　それは内海編集長が頑張ったからですよ。わたしはとにかく議員懇しか頭になかったけれど、内海さんは、わたしはそんなのいいわ、と(笑)。

ひとつ大事なことは、市民運動、ＮＧＯ活動を持続させるには、それを支えるインフラが必要だということです。会合ひとつ、集会ひとつやるにしても会場がいる。雑誌を印刷するにも、ビラを作るにも、人と金がいる。人は何とかボランティアでやるにしても、集会の会場やお金は必要ですね、あたりまえのことだけど。日本のＮＧＯとか市民運動は、理念が先立ってそこを大事にしない傾向が強かった。「戦後責任を考える会」について、ひとつほんとうにありがたかったのは、高木弁護士が顧問をやっていた会社の社長さんが、ずっと例会の会場を提供し、資金的にも援助してくださったことです。野村信吾さんとおっしゃるこの方が支援し続けてくださらなければ、戦後責任を考える会は続かなかった。

内海　議員懇は大沼さんが自民党議員の間を回って説得していたし、東大法学部の同僚や先輩たちの人脈もあった。わたしは野党の担当で高木さんと一緒に社会党の河上民雄さんを訪ねましたが、失敗しました。それでこれは大沼さんにまかせた方がいいと判断したのです。野村さんは水道橋に会社がありましたね。

大沼　そう。とにかく例会や集会の会場をただで使えたことはありがたかった。

内海　それ以外にも高木さんの事務所でよく集まりましたね。

田中　麴町警察署の横のビルね。

大沼　野村さんは高木さんとのご縁で支援してくれたわけだし、何といっても高木さん自身、七三年以来今日までずっとかかわってきておられるわけです。戦後補償裁判だって彼が中心になって切り開いてきた。特筆すべき役割を果たしてこられたと思います。

高木さんは、被害者に寄り添って四〇年近くも実に大きな犠牲を払って尽くしてこられたのに、サハリン問題では、朴さんの奥様の堀江和子さんと一緒にサハリンに残された人たちと留守家族の再会に努力したけど、高木さんとはやり方をめぐって対立した新井佐和子さんに一方的に非難されたり（新井『サハリンの韓国人はなぜ帰れなかったのか』一九九八年）、「慰安婦」問題でもアジア女性基金（女性のためのアジア平和国民基金）に協力したということで非難されたり、ずいぶん気の毒な思いもしておられる。行動力抜群で、泥をかぶるのをいとわない方だから、「非難、悪口は勲章」と達感なさっていると思いますがね。とにかく、高木弁護士が果たしてきた役割は特筆すべきものです。

八〇年代の動き

加藤　サハリン国際会議の前の年、八三年に、東京裁判についての国際シンポジウムを開催していますね。このときに、鶴見さんは、ＢＣ級戦犯などの法廷通訳の問題性がいかに大きなものであったのか、そうした問題でジョン・プリチャードと議論をしていました。わたしは当時、大学院の一年生でしたが、イタリアから来た留学生を連れて聞きにいった憶えがあります。ただ、この会議でもソ連学者の考えは硬直したものでした。サハリンなどについても問題にされていなかったと思います。この議事録は、細谷千博、安藤仁介、大沼保昭編『東京裁判を問う　国際シンポジウム』（一九八四年）で読むことができます。

大沼　八三年の東京裁判国際シンポジウム、八四年のサハリン・シンポジウム、同じ時期に、在日韓国・朝鮮人の人権にかかわる問題で例外的に日本社会全体の関心を集めた外国人登録法の指紋押捺制度の撤廃要求の運動があった。これは個々の指紋押捺拒否から各地の民闘連、民団の婦人会、青年会、最後は民団本体と日本の市民社会を巻き込んだ大きな運動になりました。田中さんやわたしはこの問題にも深くかかわりました。ですから、八〇年代前半のこの時期には後に「戦後責任」と概念化・思想化されることになる、実に多くの思惟、活動、出来事があったわけです。

ただ、これらのなかでもサハリンの問題はとりわけマイナーな問題でしたね。一般社会の関心も、東京裁判や指紋押捺問題に比べてはるかに低かった。一九九二年にわたしは『サハリン棄民』という本を中公新書で出しましたが、中央公論社がよくこんなマイナーな問題を新書で出してくれたものだ、と感謝しています。編集者の理解と情熱があったんでしょうね。

このように、八〇年代の初めの数年間にいろんな問題が出てきていたのですが、わたし自身は自分が深くかかわっているこうした問題がどうつながっているのか、はじめのうちはわからなかった。八三年に「戦後責任を考える会」をつくり、八四年に『思想』に「東京裁判・戦争責任・戦後責任」という論文を書かせていただき、八五年に『東京裁判から戦後責任の思想へ』という本を出して、そのあたりでようやく自分の中の共通の根っこがわかってきた。ただ、はじめから何となくつながりを直観的に感じていたから、そういった一見バラバラのことを一緒にやっていたんでしょうね。

田中　八二年に教科書問題が起こったでしょう。あれがやはり大きな意味を持ったんじゃないかな。

大沼　それもありましたね。

田中　わたしの印象では、当時まだ韓国はごりごりの反共だけれども、教科書問題のときは、ソウルからも台北からも北京からもシンガポールからも、全部同じ曲が奏でられてきたんです。日韓にかかわる人と日中にかかわる人がまったく別世界でやっていた当時としては、考えられないことです。そのとき思ったのは、要するに日本の侵略の爪痕のあるところには共通のものがあるんだ、それが教科書問題として出てきたのだ、ということでした。そういう点でいえば、わたしにとって大きかったのは東京裁判ではなくて、むしろ教科書問題です。ついでに言うと、そのあとが八五年の中曽根康弘首相による靖国参拝になるんです。その年、西ドイツ(当時)ではヴァイツゼッカー演説があった。

大沼　わたしも日本の教科書検定がアジア諸国から軒並み批判された八二年に、「苦い自己教育の梃子」という論文を書きました。前にお話ししたように、わたしは大学生時代から――保守的な学生ではあったけれど――自国の負の側面を教えない歴史教育というのはよくないという思いがあって、当時の教科書検定のあり方には批判的で、それを改めようという小さな運動もやっていた。それなのに、いま田中さんが言われたように、日本自身が是正しておくべきだったことを、八二年に中国や韓国から言われて初めて日本社会全体が本格的に考えることになった。これは、日本国民の一員として非常に恥ずかしいことだという意識が強かったですね。

恥ずかしいという感覚について言うと、実は「戦後責任」という言葉もそうなんです。「アジアに対する戦後責任を考える会」を作るとき、わたし自身は「戦後責任」という言葉は重すぎると感じられてずいぶん悩みました。そのときは、大沼自身が言い続けてきたのに何をいまさらという反応もまわりにはあったけれど、なにか自分の中でもおさまりの悪い部分があった。わたしは自分が俗人だし、思想というものは基本的に俗人からなる社会の一人ひとりが納得できるものでなければならないと思っているので、ずーっと「俗人の思想」と言い続けてきた。そうした考えからすると、「戦後責任」の「責任」という部分はちょっと重苦しすぎる。それを感じていたので、八三年に田中さんや内海さんたちと新たに立ち上げる会の名前に「戦後責任」という言葉を使っていいのか、迷いがあったわけです。

加藤　なるほど。『戦後責任』創刊号で、「戦後責任という考え方」というのを書かれながら、いまだ、なお迷いがあったと。

大沼　ありましたし、いまもあることはある。わたしたちが戦後責任として言ってきたことは、植民地支配や中国への侵略戦争を含めて先人がやった事実に向き合い、それを支えるもの――脱亜入欧信仰、非欧米の人々への差別感――が自分たちの日常生活のなかにいまだに息づいている、それを抉り出してひとつひとつ当事者とともに変えて行くのだということです。それは間違っていないと思う。ただ、それを「戦後責任」という言葉であらわしたことがよかったのかどうか。八三年に会を作るときは、まわりから「そうは言っても、大沼さん自身言ってきたんだし、これしかないじゃないですか」と言われて、わたしも「そうだよね」と言って決まったわけですが。

田中　わたしなんか、そういう言葉はあっても、具体的に何をやるかというところが正味じゃないの、という考え方です。

大沼　そう。鶴見俊輔さんがずっと言ってこられたことですが、自分を含む集合として考えるかどうかというところが、物事を考える分かれ目だと思うんです。俗人の自分でもやれるのか、やれないのか、ということです。

内海　「あなた、ほんとにやるの？」これはかなり重い問いかけです。わたしは七七年にインドネシアから帰って、行く前に気になっていた朝鮮人ＢＣ級戦犯の問題を取材し始めたのは、インドネシアで四〇年後の「大東亜共栄圏」の実態を見たことが大きかった。行く前には日本で数少ない資料は読んでいたので、インドネシアでも調査をしていたんですが、帰って来てから思い切って韓国・朝鮮人元ＢＣ級戦犯者のあつまりである「同進会」に連絡をとりました。話を聞くといってもどう切り出していいのかずいぶん迷いました。「ほんとうにやるのか、どこまで責任をもつのか」自分に自信がもてなかった。一方で、佐藤勝巳さんの日本朝鮮研究所に戻り、在日韓国・朝鮮人の問題をまた続けていた。

大沼　佐藤勝巳さんは、最初は在日朝鮮人の北朝鮮への帰還事情を一生懸命やられて、今は一八〇度変わって北朝鮮、さらに韓国や中国への激しい批判をやっているけど、当時は在日の研究と運動に一生懸命だった。あれだけ何度もみごとに変わられるというのも……。

内海　インドネシアから帰った七〇年代後半、大沼さんたちがサハリンの問題に深くかかわっていくのに対して、帰国したわたしが軸足をあまりそこに置かなかったのは、「大東亜共栄圏」の南の部分をやろうという選択もありました。また、「アジアと女性解放」を掲げて、画家の富山妙子さん、ジャーナリストの松井やよりさん、議員秘書の五島昌子さんたちが呼びかけて、一九七七年三月に発足した「アジアの女たちの会」で活動を始めたことも一因です。キーセン観光反対や国籍法改正、教科書問題などで飛びまわっていました。ただ、何をやっても結節点はいつも日本、ＢＣ級戦犯もサハリン残留朝鮮人も、日本の戦争と植民地支配と、戦後のその処理の問題に結びついてくる。

政治家への働きかけと協働

大沼　「サハリン」のことに話を戻すと、先ほど言ったように、「戦後責任を考える会」の発足が一九八三年四月で、原後弁護士による国連人権小委員会への通報が六月。翌八四年の八月にはサハリン残留朝鮮人問題の国際シンポジウムも開催した。会の発足直後は高揚期で力もあって、立て続けにいろいろやったんですね。ところが、運動としては結果を出さなければならないのに、その点では、サハリンに残された人と韓国の留守家族との再会事業が、八三年はゼロ、八四年に三組。どうしようもなく寒々とした状況が続いていた。

こうした閉塞状況をなんとかしようと、国際法を研究していたことから外務省には知り合いもいたので、幹部の意見も聞いて、わたしと高木さんで東海大総長の松前重義さんを引っ張り出そうと働きかけ始めました。松前さんは社会党の元国会議員で、外務省や自民党も一目置く太いパイプをソ連との間に持っている大物でした。彼の秘書が「松前がモスクワに行くので一緒に行って政治局クラスに働きかけてはどうですか?」と言ってくれたので、何とかモスクワへの旅費を捻出して八六年一〇月にモスクワに行き、働きかけの機会を持ったのですが、まったくと言っていいほど進展はなかった。当時ソ連ではゴルバチョフの「ペレストロイカ」が始まっていて、それに期待したんだけど、「ペレストロイカ? それ、なんですか?」という雰囲気でね。とにかく話にならない。打ちのめされて絶望だけを持ち帰って、戦後責任を考える会を開く気力もなく、何にもやる気が起こらない状態でふて寝をしているところに、内海さんから電話がかかってきて、「大沼さん、あなたが落ち込んでたらダメじゃないの!」と一喝された(笑)。

内海　もうちょっとやさしく言ったと思う(笑)。

大沼　いやあ、今でも内海さんのあの厳しい声は耳に残っている。でも、ほんとうにありがたかったけどね。あれがなければ立ち直れなかっただろうから。それで、もうこうなったら自民党の議員さんに土下座してでも、とにかく議員懇談会をつくろうという方向に死に物狂いで突っ走り始めたのです。

これ以後、八七年七月の「サハリン残留韓国・朝鮮人問題議員懇談会」発足までの焦燥感と苛立ち、その道のりについては、『サハリン棄民』に詳しく書きましたので、ここでは省略します。ただ、この議員懇の立ち上げと運営に献身的に尽くしてくださった会長の原文兵衛さん(当時参院議員)と事務局長の五十嵐広三さん(当時衆院議員)という、ひとりの人間としてもまた有能な政治家としても文字通り稀にみるお二人と市民運動の関係、問題解決においてまともな政治家を見つけて働いてもらうことの重要性については、ここでもすこし話をさせてください。

内海　たしかに議員懇は、政権政党の議員で発言権があり実質的に動いてくれる人が入ると事態は動く。しかし、数だけをそろえた議員懇だとなかなか政策に影響を及ぼせませんね。議員に問題を提起する運動側の迫力と説得力、これにこたえて議員がどこまで動き、立法化に力をそそぐのかですね。いまの民主党のなかで戦後補償議連(戦後補償を考える議員連盟)ができて補償立法の制定に期待をかけてはいますが、なかなかむずかしい。

大沼　内海さんの言うとおりで、原さんと五十嵐さんがよかったのは、問題の解決まで一〇年以上、ほんとうに誠実にやってくれたということに加えて、原さんはそのあと参議院の予算委員長もやったし、参議院の議長まで務められた。五十嵐さんは社会党内では無派閥で党の権力とは無縁だったけれど、きわめて有能で人柄もすばらしい一流の政治家だったから、細川内閣の建設大臣、村山内閣の官房長官を務められた。だから予算をとって政府を動かせる。これはほんとうに強かった。

とくに五十嵐さんがすばらしかったのは、実務者小委員会というのをつくったことです。高木さんとわたしと、外務省からは担当の事務官が出てくる。そこに五十嵐さんが、何とか時間をつくって顔を出してくれるんですよ。高木さんとわたしがきわめて具体的なことを話すと、官僚の方も第一線の連中だから具体的なかたちで応酬する。それで脅したりすかしたりしながら一生懸命やっていると、五十嵐さんが現れて百万ドルの笑顔で圧力をかけてくれるから、話が実際に動いていく。日本の市民運動、NGOも国会議員に働きかけて、議員立法や政府による望ましい政策の実現を求めて活動しているわけですが、議員懇もあればいいというわけではない。議員が実際にどう動いてくれるか、議員にどんなことがあってもこれはやるんだという気持ちになってもらえるか、それが決定的に重要です。原さんと五十嵐さんは一九八六年から一〇年以上、これ以上ない誠実さと粘り強さで動いてくださった。そういう政治家を見つけて死に物狂いで口説き落とすこと。これが市民運動やNGOにとって何よりも大切です。

内海　五十嵐さんは、村山内閣が打ち出したアジア歴史資料センターの設立でもきちんと支えてくれましたね。

大沼　そう。五十嵐広三という一人の誠実で有能な政治家がいて、彼が原文兵衛という、これまた稀有の政治家と組んで、しかも九四年から九六年の村山内閣の官房長官であったことで、戦後責任、歴史認識の問題について日本は、それに抵抗する自民党右派のすさまじい政治的圧力と官僚の消極的姿勢を乗り越えて、サハリン問題を解決し、「慰安婦」問題でもアジア女性基金をつくって最低限の償いを実現することができた。これは村山内閣評価のなかであまり言及されないことだけれども、歴史に記録として残すべき重要なことだと思います。

ただ、サハリン残留朝鮮人の韓国への永住帰還問題は、解決まで実に半世紀かかってしまった。その間、無数の人が解決に必死に努力したにもかかわらず、ほとんどの人は、自分がかかわってい る局面では解決の果実の香りさえかげないで失意のまま退いていった。議員懇ができたのは一九八七年、永住帰国実現が二〇〇〇年ですから、議員懇はこの最後の一二年間にかかわり、解決に決定的な役割を果たした。そうすると、長年問題にかかわった人たちの間には、さまざまな思い、運動のあり方についての対立、うらみつらみもあり、それが問題解決に最も重要な役割を果たした高木弁護士と五十嵐議員への批判、攻撃というかたちで現れているという面もあります。残念なことですが。

先日ウィキペディアで「五十嵐広三」を検索してみたら、五十嵐さんの評価としてずいぶん不公平と思われる文章が載っていた。おそらくそういった批判的な本を真に受けてそのまま書き込んだ人がおり、それが載っているわけでしょうが、悲しいことですね。五十嵐さんは旭川市長もやられ、旭川市民にはよくご存知の方もおられるので、わたしたちのこの本やわたしの『サハリン棄民』なども参考にして、ぜひ正確に書き直していただきたいですね。

加藤　五十嵐さんについては、高木さんがあるエピソードを紹介していましたね。韓国側の議員と懇談していた折に、韓国側が日本側に、なにか、少しかさにかかったような物言いをしたらしいのです。全部良いことは韓国側がやったのだ、というようなことでしょうか。そのようなときに、五十嵐さんがずばりと、「じゃ、サハリンの問題を二四時間考えている人はいますか?」と言ったという。あれは、すごい啖呵だなと思いましたね。

大沼　五十嵐さんとはその後もお会いすることが何度もありましたが、彼にとっても、サハリンのことは、彼自身の政治家人生のなかでも一、二を争うぐらいの大きな位置づけを持っていたと思います。サハリン問題の解決に力を尽くしてその実現をもたらしたということが、自分が議員になったことのひとつの意味であったというくらいの大きな意味。日本はもちろん、世界中探してもそんな政治家はめったにいない。五十嵐さんはものすごく有能だったから、まわりの議員のねたみそねみも激しくて、五十嵐さんを議員懇の事務局長からはずせ、自分を重用しろという声はあちこちからありました。原さんの偉いところは、議員懇の会長として、自民党でありながら社会党の五十嵐さんを全面的に信頼して、そういう雑音に一切まどわされなかったことです。微動だにしなかった。

内海　五十嵐さんは北海道出身で、旭川の市長もやっていたから、とりわけ思いが強かったでしょうね。

加藤　地方議員出身というのが大事ですね。あとは、この問題にかかわった外務省の若手官僚の話はどうでしょう。また、韓国側の大使館にも話をよくわかってくれる人とそうではない方がいた、などという話です。そのあたりについて、お名前などわかる範囲で結構ですので、教えていただけますか。

官僚に迫る、官僚とともに働く

大沼　外務省では当時アジア局北東アジア課の若手課員だった道上尚史氏が忘れがたいですね。実務者小委員会にロシア課から出ていたもうひとりの若手と一緒に、実に一所懸命に努力してくれました。わたしがＮＧＯや市民運動の方々に、「政府も決して一枚岩でない。官僚のなかに理解のある人を見つけてできるだけ協力してやるべきだ」といつも言っているのは、道上さんのほかにも、外務省や「憎まれ役」の法務省の入管局にも理解のある官僚の方は何人もいて、そういう方々と協働することで一定の成果を上げることができた、という経験をもっているからです。

韓国のほうでは、咸正鎬さんを中心とする弁護士たちが果たした役割が大きかったですね。彼らが韓国政府に圧力をかけ、実際に自分たちでお金を出して離散家族会を支えてくれた。彼らは、日本側で高木さんたちがこれだけやっているのに、被害者の本国である自分たちの政府はなぜ動かないんだと韓国政府を突き上げたのです。日本の市民運動は日本政府の行動を求め、韓国の市民運動は韓国政府の行動を要求するという連帯・協働ですね。これがよく機能した。

韓国の政府は、建前では、これは日本の責任だから早く韓国に永住帰還させろとは言うのです。ところが実際に議員懇ができて、日本政府がお金を出してサハリンの朝鮮人たちが帰れるようになってくると——九〇年代になってからのことですが——韓国側の動きが鈍くなってきた。日本では原さん、五十嵐さんといった政治家も動き、再会事業のための予算も毎年のように倍、倍とついてくる。それなのに、それに反比例して韓国政府の態度がだんだん冷淡になってくる。このころ、このギャップについて韓国の外務省の幹部と激論をしたことがあります。
そのとき彼はシニカルな口調で本音を言ったんです。「大沼先生たちや日本政府はそれはいいでしょう。戦後責任とか人道主義とか、かっこいいことを言っていられる。しかしわれわれはサハリンから同胞を受け入れたら、中国の延辺地区にいる二〇〇万の同胞が韓国へ帰りたいと言い出すかもしれない。それを考えたら、韓国政府としてはサハリンから同胞を受け入れるなんてことは簡単に言えないいんですよ」とはっきり言ったのですよ。いままでは、韓国に早く帰せ、早く帰せとあれほど言っていたのに、その舌の根もかわかぬうちに、よくそういうことが言えるなと、わたしは心の中で、こいつ殺してやろうかと思いましたよ。しかし、反論はしたけど、喧嘩はしませんでしたよ。日本政府が永住帰還と受け入れのための施設の費用を出すことになっていたけど、韓国政府が土地を確保して協力してくれなければ、帰還は実現しない。ほんとにわたしは我慢強い(笑)。

一同　そうそう(笑)。

大沼　そのときは我慢して帰ったんですが、その翌日、当時民主党の最高委員だった金鐘泌《キムジョンピル》氏——金大中《キムデジュン》、金泳三《キムヨンサム》と並ぶ「三金」の一人で、一人だけ大統領になれなかったが長く首相を務めた有力政治家ですね——がわたしに会いたいというので、出かけて行ったんです。誰かに、わたしがサハリン残留朝鮮人の韓国永住帰国の運動を一生懸命やっているから、助けてやったら、とでも言われたんでしょうね。そのとき彼は二つ質問をしました。「大沼先生、独立記念館をご覧になりましたか?」「見ました」「どう思いましたか?」「せっかく聞いてくださったので、お気にさわるかもしれませんが正直にお答えします。あれはひどいものだと思います。日本人だから日本の支配の残虐性を強調する展示が悪いと言うのではありません。韓国の国民があゝいう一面的な日本像だけで育つのは韓国自身のためにならないと思うのです」と言ったら、「わたしもまったくそう思います」と彼は言った。「日本人の若造が何を言うか」とどなられるかもと思っていたので、感心しました。

二つ目は、「サハリンに残されたわれわれの同胞の韓国の故郷への帰還のために努力してくださっているそうですが」と言うから、「わたしは日本がこうした問題をずーっと放っておいたのが日本国民として恥ずかしいし、サハリンの方々には一日も早く故郷に帰ってもらいたいから、これまでやってきました。幸い、問題はようやく解決に向かっている。ただ、そのことに関する韓国政府の姿勢については言いたいことがある。昨日こういうことがありました」と、韓国の外務省の高官との議論のことを話して、「金さん、あなたは韓国の国民のために働いてこられた政治家で、韓国を動かしている実力者でしょう。こういう官僚がいるということは、韓国人として恥ずかしくないですか」と言った。

内海　そんなことを言ったんですか。

大沼　そうしたら、「大沼先生、恥ずかしいです」と、いきなり目の前の電話をとってその局長を呼びつけて、「おまえ、なんだ」とガンガン怒鳴りつけるわけ。正直、気持ちはすーっとしたし、これで韓国政府の姿勢がすこしは変わるかと思うと、ありがたかったですねえ。

このように、村山内閣がせっかく永住帰国のための予算をつけたのに、韓国内に受け入れの施設をつくるのにはずいぶん時間がかかりました。韓国政府はサハリンの朝鮮人を入れる施設をつくろうとすると地域の住民がいやがったので土地を買収するのに手間取ったといっていましたが、官僚もいま言ったような姿勢だから、住民を一生懸命説得しようとしなかったということもあったのかもしれません。結局、村山内閣が予算をつけてから五年かかって、一九九九年と二〇〇〇年にようやく受け入れの医療施設と居住施設が完成した。

そのときは一九五八年からの帰還運動のリーダーだった朴魯学さんはもう亡くなっておられたんですけれども、李義八さんはまだ元気だった。開所式に招待されたわたしが大韓赤十字の人に、「李さんも招待されているんでしょうね」と聞くと、されていないと言う。つまり、李さんには何の連絡もせず、高木さんとわたしのところに開所式に来ないかと言ってきたわけです。「そんなばかな話があるか。わたしたちは朴魯学さんと李義八さんを助けてやってきたんだ。李義八さんが出ないなら行かない」と言ったら、さすがに追加はしました。そういうように、韓国政府や大韓赤十字にも問題はいろいろあったけれど、それでも開所式に招かれてそこに行って、立派にできあがった施設に永住帰国者の方々が嬉しそうに入っているのをこの目で見たときは、ほんとうに何にも言えないほど嬉しかったですね。平凡な言葉だけれど、そうとしか言いようがない。

と同時に、最大の功労者の朴魯学さんはもう亡くなっていて、そこにはいない。三原令さんも。わたしがかかわるようになってからでさえ、二五年かかってしまったわけですから、朴さんたちが帰還運動を始めた一九五八年から永住帰国が実現するまで四〇年以上かかってしまっている。その間力を尽くしながらすでに亡くなられた方、この場に来られない方は、無数におられるわけです。それを考えると……。ただ、市民運動ってそういうものなんですね。当事者の思いを実現するため、箱根駅伝みたいに、自分に課せられた——神様が課すんでしょうかね——区間というか期間をとにかく走り続けて次の走者にたすきを渡していく。ほとんどは途中で倒れてしまうけど、ごく稀にゴールインできる人もいる。そういうものじゃないんでしょうか。

第五章　責任主体としての市民の創造

シベリア抑留者の問題と国籍の壁

加藤　今回は、お三方からお話をうかがう最終回ということになります。初回の「なぜ、いま、戦後責任を語るのか」から始まり、東京裁判を含めた戦争裁判の問題性、サンフランシスコ平和条約が戦後責任問題に与えたインパクト、入管闘争や日立裁判などが持ったアジアからの視点の顕在化、サハリン残留朝鮮人問題などの主題を中心としてお話をうかがってきましたが、それぞれの時代背景として、おおまかにいえば、敗戦─一九五〇年代─七〇年代から八〇年代というように、だんだんと現在までをカバーするような順序でお話がされたと思います。

ですから、今回もまた、テーマとしては、今にいたるまでの戦後補償について、国籍条項に留意しつつ、補償法や裁判への取り組みという視角からまとめていただく、というのがひとつあります。この部分は主に、かつて日本国民とされた人々が一九五二年の民事局長通達で、ある日突然、外国人にされてしまったことに起因する問題という、第二章で取り上げた問題の系として考えることができます。

いまひとつのテーマは、戦時性暴力の問題が、一九九〇年のルワンダ紛争、翌九一年のクロアチアの独立宣言を契機としたボスニア－ヘルツェゴビナ紛争で、急速に顕在化したことに表れているように、時代とともに、犯罪を構成する概念が変化することで、過去の歴史過程について再考察が必要となってくるような問題です。日本が二〇〇七年に加盟した国際刑事裁判所（ＩＣＣ）のローマ規程第七条「人道に対する犯罪」にも、広範で組織的になされる性暴力の概念が入ってくるようになりました。以上のような動きを背景に、「慰安婦」問題についても再考が迫られるはずです。韓国の憲法裁判所は二〇一一年八月三〇日、「従軍慰安婦」被害者らが日本に対して有する賠償請求権が消滅したのか否かについて解決をしてこなかった韓国政府の不作為を違憲とする判断を下しました。さらに時間的に直近の問題まで扱うのが今回の座談会の狙いでもあります。

田中　加藤さんの言われた第一のテーマ、戦後補償における国籍の問題についてはいろいろ論じるべきことはあるんだけれども、たとえば、八〇年代の指紋押捺拒否の問題は、まさに国籍問題なんですよ。日本人の住民登録には指紋は必要ないのに、なぜ外国人には必要なのか、ということです。このことを法務省の課長なんかとやりあったとき、彼らは日本人には同一人性の確認は必要ないが、外国人には固有にあるからというんですね。それはおかしいでしょう。たとえば選挙で投票に行くときに、選挙人名簿に登録している田中宏という人間が間違いなく投票したかどうか、同一人性の確認をやっている。でもそのときに指紋は採らないでしょう？　考えてみれば投票の正確さにかかわる重大な問題なのに、そんなときでも指紋は採っていないじゃないか、外国人にだけ同一人性の確認が必要だというのは成り立たない、と言ったら、いや、外国人だから必要なんですと言うんですよ。

その延長線上で、戦争でケガしたり死んだ人たちのことも、戦後国籍を奪われた人たちについてはほったらかしになっているんです。国籍条項の問題については、日本人はどう扱われていて、国籍を理由に外国籍の人はどう扱われているのかを、いつも併せて考えなくてはならない。行政用語でいう戦争犠牲者援護立法というのは一三あるんですが、全部に国籍条項がある。問題はもちろん金銭給付の差別なんだけれども、明らかに認識上の差別の問題につながっていると思うんですね。

金銭の問題でいうと、一三の法律でどのくらいのお金を使っているか調べてみたことがあるんです。それはわりあい簡単にわかります。『社会保障統計年報』というのが出ていて、それに「戦争犠牲者」というくくりがちゃんとあるんです。その数字を足していけばいいんですが、最高時（一九八七年度）は一年間に約二兆円使っている。当時の一般会計予算が、六〇何兆円くらいですよ。ものすごい額です。そういうことが石成基《ソクソンギ》さんが戦後補償を求めたケース（後出）からわかってきた。内海さんが、祐天寺に納められている朝鮮人の遺骨から日本人の遺骨の問題が見えてきたというのと同じですね。

内海　弁連協（戦後補償問題を考える弁護士連絡協議会）の高木喜孝さんや戦後補償ネットワークの有光健さんたちが毎年、戦後補償裁判の動きをまとめてきましたが、それによると二〇一二年現在で九〇件あります。そのうち七八件は判決が確定している。そのなかで問題がいくつも残されていますが、ひとつは国籍条項が突破できないこと、また二国間条約やサンフランシスコ平和条約で解決済みとされていること、あるいは裁判では負けて裁判外で政治的に解決する「和解」の動きがあることなどの問題です。結局、二〇年の間、司法に訴えて、被害者がいろいろ問題を提起しましたが、国籍条項などでことごとく跳ね返された。では、この間の裁判は意味がなかったのかというと、わたしはそうは思いません。被害当事者が具体的に証言し、日本の加害責任や植民地責任などを、日本人に突きつけてきました。そういう意味で日本の歴史認識に対して大きな問題提起をやってきたと思う。ですから、わたしたちがそれをどう受けとめていくのかが、問われてきたのだと思います。

加藤　最近の戦後補償として、二〇一〇年のシベリア特措法（戦後強制抑留者に係る問題に関する特別措置法）がありますね。

内海　シベリア特措法の問題について言うと、この法律には最初は国籍条項が付いていなかったにもかかわらず、全党合意で通す時に国籍条項が入りました。唯一、一三条で、あとで調査をしていくという留保条件を付けてはいるんですが。法案を作成し成立に尽力した民主党の長妻昭さん、円より子さんなどの政治家も、制定の運動をした人たちも、国籍条項については十二分に知っていた、なんとしてでも、韓国シベリア朔風会（韓国人のシベリア抑留者の団体。一九九〇年結成）の人たちの問題を解決しなければならないと努力していましたが、それでも政府を動かせなかった。シベリア全抑協（全国抑留者補償協議会）の人たちにはこれまでも、二度ですか、金杯を贈ったり金券を配ったりしたのですが、全部国籍条項が付いていて、シベリア朔風会の人はもらえなかったのです。

田中　シベリア抑留については忘れがたいことがあります。たまたま中国に行ったときに、東北地区延辺の朝鮮族の人のところに行ったら、「実はわたしはシベリア抑留組なんです」という年配の朝鮮人に出会いました。ちょうどそのころ、最後の戦後補償法として平和祈念事業特別基金法（一九八八年）ができて、一〇万円の慰労金が支払われていたから、「日本ではこういうことがあるけれども、国籍条項があるから、同じように抑留されても、ダメなんですよね」と言ったら、その人が、「わたしは戦友と文通があって、もらえないと言ったら、じゃあ、俺がもらった一〇万円のうち五万円を送るわと言って送ってくれたんですよ」と言うんです。そのことがわたしはずっと頭にあったから、新しいシベリア抑留の補償法には国籍条項を入れてほしくないと思っていたんです。戦友に金を送るという日本人の心があるんだから、それをぜひ法律に生かしてほしい、政権交代もしたんだから、と思っていたんですが。

そんなこともあって、わたしはその間の特措法の国会での審議過程を調べました。それでわかったのですが、裏で政治家が話をつけて、参議院の総務委員長提案で法案が国会に出たんです。そうしたら、国会の慣例かもしれないが、即採決です。参議院を先にやったので、そのあと衆議院にまわった。国会会期末ぎりぎりのときで、これは通らないんじゃないかと思うくらいのところでしたが、通った。やはり何の議論もなしです。わたしはたまたま衆議院の総務委員長近藤昭一氏を知っていたので、せめて国籍条項の問題があるということを論じてほしいと言ったんです。でも、結局衆議院も同じようにパッとやっちゃった。だから国会の審議ではこの問題は一行もない。なんでこの期に及んでまだこういうことをやるかなあと思うんですが。

大沼　わたしは法学者だし、「俗人の思想」の信奉者だから、田中さんよりはちょっとクールです。国籍で区別しなければならない問題は山ほどあるんですよ。たとえば、中国国民で、日本語も何もできない、ただ日本で稼ぎたいという人が日本国民と同じく日本に入国して日本に住み続ける権利があると認めたら、中国から一億人の人が出稼ぎに来るかもしれない。これでは日本社会が大混乱しておよそ社会が成り立たないから、外国人には一般に入国の権利や居住の権利は制限する。この場合国籍で制限することには合理性がある。

ただ、いまわたしたちが議論していることの九九%は、かつて日本国民だった人たちにかかわっていることですね。それが一九五二年の民事局長通達で、ある日とつぜん外国人にされてしまった。それで日本国民はもらえる年金はもらえない、戦争の犠牲者への補償からも排除される。他方、戦犯としては日本国民だったとして処刑される。それは明らかな不当な差別ですね。

田中　戦争が終わってもう六八年たちました。こういう運動に携わっていると、そんなにたったのにまだ「戦後補償」なんかやっているのかと言う人がいるんですよ。そういう人に必ず言うのは、じゃあ日本人に対してはどうなのか、ということ。たとえば遺族にたいする「特別弔慰金」。これは遺族年金の受給資格者が死んだ後に、さらに次の遺族にいわば「墓守料」としてずっと払い続ける給付金で、今でも払い続けているんです。

内海　一〇年先渡しの国債「特別弔慰金国庫債券」ですが、均等償還一〇回払いの方法で毎年六月一五日に償還されています。

田中　そう。だから一〇年たつとまた法改正して、また新しく国債を渡すんですよ。「戦没者の父母に対する弔慰金」は、さすがに対象者が少なくなってきましたが、ずっと払っています。そんなことをいつまでもやらなくていいと言ったら、袋叩きにあうと思う、日本では。ところが、アジアの人が戦後補償の要求をすると、しつこいな、まだ戦争のころのことを言っているのかと言われる。日本人遺族に払われている総額は、だいぶ対象者が減ってきましたが、それでもあわせると今でも毎年一兆円くらい出ていると思います。

大沼　しかも、戦争責任の重かるべき東条とかそういった高位の軍人の関係者がたくさんもらって、一般の兵士だった方々の遺族その他の方々の年金は低いわけでしょう？　これも割り切れない気がします。

田中　援護法についていうと、ドイツでも同じようなものはあるけれど、階級は全部はずしているんです。勤続の年数と、障害を持っている人はその度合いによって、金額が決まるようになっている。空襲で腕を失った人も戦場で腕を失った人も、両方とも戦傷者として同じように補償の対象にするんです。日本では空襲被災者は対象外です。

結局、戦後の厚生行政の立ち上がりは、やはりこの戦傷病者戦没者遺族等援護法（援護法）からなんです。それからどんどん法律が増えていく。もちろん途中から国民年金法とか児童手当法とかもできてくるんだけれどもね。そういう流れ、とりわけ戦争犠牲者援護関連をも含めたものを、日本の社会保障の専門家で研究している人はいないようですよ。

内海　「援護法」は一九五二年四月三〇日に公布されて、四月一日にさかのぼって適用すると規定されましたね。四月二八日はサンフランシスコ平和条約が発効して日本が独立しましたが、その三日後の五月一日、法務総裁談話が出て戦犯裁判は国内法上の裁判ではないので、巣鴨刑務所に収容されている戦犯はいわゆる国内法上の犯罪人ではないと述べています。あまり知られていないので、正確を期すために「法務総裁通知」を引用しておきます。

一九五〇年七月八日の「法務総裁通知」にあった「軍事裁判により刑に処せられた者は、日本の裁判所においてその刑に相当する刑に処せられた者と同等に取扱うべきものとする」という解釈が、一九五二年五月一日に「この解釈は、もともと総司令部当局の要請に基づいたものであり、平和条約の効力の発生とともに撤回されたものとするのが相当と思料するので、この旨御了承の上、貴部内関係機関にも徹底せしめられたい」と変わるのです。

日本人戦犯に選挙権が認められ、巣鴨で不在者投票をしている。そして戦犯の「刑死」は「法務死」や「公務死」の扱いになり、翌年からは「援護法」や復活した軍人恩給の対象になっています。そしてBC級と一九七八年のA級戦犯の靖国合祀ということになっていきます。

大沼　国籍問題でいうと、「慰安婦」問題でのアジア女性基金の「償い」の対象に関しては、それまでの国籍による排除の政策を否定するものでした。「慰安婦」といわれた人たちは、日本人にも朝鮮人にも、中国人にもフィリピン人にも、オランダ人にもインドネシア人にも、いたわけです。しかし、日本政府と国民の償いを示す「償い金」や医療福祉事業の対象者には国籍による差別はいっさい設けなかった。ただ、日本人の元「慰安婦」は一人も名乗り出なかったので、結局日本人の元「慰安婦」への償い金の給付はなかったのですが。

戦後補償裁判の意義と問題性

大沼　「慰安婦」問題の裁判も含めて、さっき内海さんがふれられた戦後補償裁判の意義と限界と問題性を総体的に考え、評価しておくべきでしょう。戦後責任にかかわる問題で戦争の被害者、当事者の訴えを実現するため、われわれは裁判を常に利用してきましたよね。裁判があればメディアが報道してくれる。世論を味方につけて政府や国会にプレッシャーをかけることもできる。その意味で裁判は大事です。ただ、裁判で勝ったケースというのは、まずないわけですよ。

田中　ゼロですよ！

大沼　ごく稀に下級審で勝てても、すべて上級審で負けるから、ほんとにゼロと言っていい。これは、指紋押捺問題にしても、サハリンや「慰安婦」問題にしても、他のあらゆる問題についてもそうなんです。ところが、日本の知識人、メディア、弁護士、NGOの人々には裁判への幻想があって、裁判で法的責任を追及をすることをとことん重視して、結局は負けて被害者・当事者の期待を裏切ることになる。裁判は時間がかかるから、裁判の途中で肝心の被害者が亡くなってしまうこともすくなくない。裁判が往々にして自己目的化してしまう傾向がある。

大切なのは、裁判を主戦場と考えないで、そこはひとつの戦いの場であって、ほかで、立法府とかで行政的な改善を求めればいいんだときっちり位置づけておくこと。そうすれば、裁判で負けて絶望することもないし、裁判に幻想を抱くこともない。そこは、われわれが四〇年間やってきて骨の髄から学んだことで、これまでの経験からはっきりと言えることだと思う。

内海　敗訴だけれど付言が付き、それを受けて立法府が動いて状況が変わっていくということがありますね。BC級は東京高裁判決にあった「早期解決のため、適切な立法措置を講じることが期待される」との付言を生かして立法しようと運動しています。

田中　裁判というのは結論だけでなくて、問題提起というか問題を明らかにするという意味もあるので、そういう意味では重要な役割を果たしてきていると思う。ただ、残念ながら勝訴判決によって解決するということは、この種の問題ではまったくないんですね。

大沼　付言が付いたか付かなかったかというのが大きな意味を持つかどうかは、くわしく検討してみないとよく判らない。サハリン残留韓国・朝鮮人の裁判なんか、付言の付きようもない、完璧に原告の負けですよ。敗訴ではないけれど、訴えの取り下げで終わった。わたし自身、裁判で勝てるとはまったく考えていなかった。それでも、すぐれた政治家にめぐり合って彼らを説得することができたため、大きく前に進むことができた。これは第四章でお話ししたとおりです。

田中　裁判所の付言を受けて動いたいちばん古い例は、一九八七年の台湾人の元日本兵に関する法律(台湾住民である戦没者遺族等に対する弔慰金等に関する法律)ですね。それから二〇〇〇年の六月、在日の戦没者、戦傷者を対象とした法律(平和条約国籍離脱者等である戦没者遺族等に対する弔慰金等の支給に関する法律)です。後者は野中広務さんがいなければ実現しなかった法律だと思います。

裏話になるんだけれど、在日の姜富中《カンプジュン》さんが大阪でやっていた、元軍属の韓国人への国家補償を請求する裁判で、高裁段階で和解勧告が出たんです（一九九九年五月）。それで次回までに双方が解決案を持ち寄るということになって、第一回の和解期日のときに行ったら、国側の代理人は和解に応じる気持ちはありませんと、こう言ったんですよ。

ところがその前に、野中さんが、今世紀中に解決すべき問題のひとつとして在日の戦後補償の問題があると、官房長官の定例会見で突然言ったんですよ（一九九九年三月）。わたしはびっくりしてね、いま言った第一回の和解期日はそのあとだから、野中さんがああいうことを言っているのに、現場の訟務検事は和解を蹴っている、けしからんじゃないか、野中さんに会わせてくれと、内閣委員の竹村泰子議員（民主党）に頼んだんです。竹村さんと一緒に行ったら、官房長官は急に沖縄に飛ばなきゃならなくなったと言われて、その代わりに官房副長官の古川貞二郎さんと会うことになった。そこでわたしは、官房長官があいうことを言ったから裁判所も和解勧告を出したのに、大阪の訟務検事はけしからんと言ったんです。そうしたら、古川さんは、野中さんとは仕事のうえで毎日何度も話をするけれども、ほんとうにこのことについては何とかしなければならないと思っておられる。どうしても政府がしないなら、俺は私財をなげうってもこれはやるとおっしゃっていましたから、そのことだけはお知らせしますと言ったんです。

二〇〇〇年に法律はできたんですが、この法律では、死んだ人と、ある程度以上の障害がのこった人だけが対象になっているわけです（戦傷者に四〇〇万円、遺族に二六〇万円の一時金）。京都で裁判をやっていたシベリア抑留組の李昌錫《イチャンソク》さんは、「五体満足」で帰ってきているので対象にならない。そのことを野中さんが知っていたのか取り巻きが知っていたのかわからないけれど、李さんが亡くなった葬儀のとき、野中さんは自家製の「書状」に文章を書いて、そこに国務大臣野中広務と署名して、金一封を届けてきたんです。

加藤　歴史家として裁判について考えると、負け続けたことにも意味があるだろうと思います。国が勝ち続けても、あんな論拠、あんな理屈で勝ち続けることは破廉恥ではないかと思わせる意味があると思うのです。そこに、立法的な措置による改善などを加えて、連立方程式として考えていくことが重要ですね。田中さん、ここまでまとめてうかがってこなかった中国人の強制連行関係の裁判について、話していただけますか。

花岡裁判

田中　わたしがかかわった裁判のひとつで、一九九五年提訴の中国人強制連行の花岡事件は、和解というかたちで決着したんです。花岡事件については劉智渠述『花岡事件――日本に俘虜となった中国人の手記』(一九九五年)が詳しいですが、裁判の経緯をおさらいすると、一九八九年一二月、花岡事件の当事者が、北京から鹿島建設に「公開書簡」を送り、公式謝罪、記念館の建立、各五〇〇万円の賠償の三項目を提起した。翌九〇年七月、秋田県花岡での慰霊式に参列した後、東京で鹿島と交渉、「共同発表」が出され、「深甚な謝罪の意を表明」。「今後協議を続け、問題の早期解決をめざす」とされたものの、結局協議は不調に終わり、提訴に至ったのです。

一審はけんもほろろで、時効を持ち出して、実質審議する必要もないというような門前払い同然の負けだったんです。あまりに一審が木で鼻をくくったような判決だったので、高裁の裁判官が、これは何とかしなければならないケースだと思ったんじゃないかと思うんです。途中で裁判長から和解提案が出た(一九九九年九月)。

われわれの運動というのは当事者とどうかかわっていくかということがいつもその核心にあるのですが、花岡の場合は中国から九八六人が連れてこられたが、裁判は原告一一人でやった。和解提案が出て、どうするかというときに、最初に当事者が言ったことは、九八六人全体の解決をやってほしいということでした。日本の裁判では、勝ったとしても原告になっている一一人しか補償を受けられないじゃないですか。しかし全員の解決をやろうと思うと、どこか信頼できる機関に受け皿を作って、そこに企業からお金を出してもらう信託方式をとらなければならない。それをどこにするか。中国人の事件ですし、相手は裁判所だし、そんじょそこらを受け皿にするわけにはいかない。

そこでいろいろ考えたら、戦後の遺骨送還は中国の紅十字と日本の赤十字との間でやったという歴史がある。今度も中国紅十字が受け皿になってくれればいちばん望ましいんじゃないかと考えて、新美隆弁護士はまず中国大使館に行ったんです。大使館に話をしたら、外交部に話をつないでくれて、ひと月ぐらいたってから、とにかく一度紅十字の本社に説明に来てくれということになった。

新美さんと二人で北京に飛んで、これこれこういう事情になっていて、これができるかできないかで今後の和解協議の進め方がまったく違うことになる、一一人でやるか九八六人でやるかの違いになると訴えたんです。出てきた秘書長は好意的にじっくり話を聞いてくれたと思ったんだけれど、その後これがなかなか動かないんです。返事が来ないならその線は諦めて、原告一一人でやらざるをえない。そんなときに、李瑞環という政協(「中国人民政治協商会議」。日本でいえば参議院に相当)の主席が日本に来るということになった。当時社会党の党首だった土井たか子さんは以前からこの問題をサポートをしてくれていたので、土井さんのところに行って、紅十字のOKが出るか出ないかでこの先がまったく変わるので、何かいい知恵はないかと相談したら、李さんが表敬訪問に来ることになっているので、そのとき話をしてみるわと言ってくれたんです。それで李瑞環主席が動いたんでしょうね。しばらくしてからOKが来て、紅十字のハンコをついた書類を裁判所に出して、それで九八六人全体の解決というスキームができたわけです。

それから話を詰めていって、最後は金額になる。裁判では一人五〇〇万円を請求して、裁判所は結局五億円という額を提示したんです。五億というと一人五〇万です。これで和解は無理じゃないかと思ったんですけれども、額は一度出れば交渉で動くものじゃないんです。イエスかノーか、なんですよ。このとき信頼関係が大事だなとわかったんですが、原告の皆さんは、(田中たちが)これだけやってきてくれた、しかも前例のないことですから、五〇万円というのはあくまでひとつのステップという理解で最終的に受け入れようと言って、OKを出してくれたんです。ところが、今度は鹿島がなかなかOKしない。二〇〇〇年夏に原告団に中間報告をしたついでに中国の外交部に行って話をしたら、前年の一二月に紅十字会はＯＫを出しているのに、まだ解決しないんですかと驚くんですね。外交部の人は、われわれも一生懸命やったのに、いったいどういうことだ、外交部が怒っていると会社に言ってくださっていいと言うんですよ。

このことをどうやって鹿島に伝えたらいいのか悩みまして、また土井さんのところに行って、外交部が怒っているんだけどどと相談したら、土井さんが後藤田正晴さんに話をしてくれたんです。そうしたら、石川六郎さん（鹿島の会長）に連絡してみると言ってくれて、それで硬かった鹿島がＯＫしたんですよ。

加藤　田中さんとご一緒に弁護活動をなさってきた内田雅敏弁護士のお話でも、石川六郎さんの存在がなければ和解は成立しなかったといいますね。

田中　この和解（二〇〇〇年一一月二九日）に際しては、裁判長もずいぶん努力したと思います。金額を出してからでも半年以上。普通だったら打ち切るところです。和解成立時の裁判長の「所感」があるんですが、そこには「戦争がもたらした被害の回復に向けた諸外国の努力の軌跡とその成果にも心を配り、……二〇世紀がその終焉を迎えるに当たり、花岡事件がこれと軌を一にして和解により解決されることはまことに意義のあることであり……」とありました。ドイツに「記憶、責任、未来」基金というのがありますが、そこが出したのは平均で七〇万から八〇万円くらいなんです。あれは企業と政府で一緒にやっているものですから、そうすると鹿島の場合は、一〇〇万としてその半分の五〇万を負担するという考え方だったのでしょう。だからそれで五億という数字を出したんじゃないか。あくまで推測ですが。

中国人強制連行をめぐる裁判は、その後二〇〇七年の四月、西松建設を相手にした裁判で初の最高裁判決が出たことによって、司法判断としては終わっているんですね。その最高裁の判決で、請求は棄却するけれども、「本件被害者らの被った精神的、肉体的苦痛が大きかった一方、上告人〔西松建設〕は前述したような勤務条件で中国人労務者らを強制労働に従事させて相応の利益を受け、さらに前記の〔国家〕補償金を取得しているなどの諸般の事情に鑑みると、上告人を含む関係者において、本件被害者らの被害の救済に向けた努力をすることが期待される」と、最高裁判決には珍しい「付言」がついた。この付言を踏まえて、西松建設と中国人との間で、二〇〇九年一〇月、東京簡裁で即決和解が成立し、広島の安野に連行された三六〇人について全体的解決が実現した。その一年後、現場の発電所の脇に中国人受難者と会社の連名で、「安野 中国人受難之碑」が建てられ、三六〇人の名前が刻まれた。

この裁判での被告は西松建設だけだったので、付言のなかで言っていた「関係者」とは、ほかでもない、「政府」なんですよ。なんとか政府と企業が一体となったドイツ型の補償をやってほしいと願っているんですが。

三菱マテリアルも、かつて中国人を使役した九ヵ所〔関連企業も加えると一一ヵ所〕の現場を持っていたのですが、企業単独ではなく、政府が動くなら応分のことをやります、というのです。政府を引っ張り出すことがいかにむずかしいかということに、わたしはいままさに直面しているのですが、これは大沼さんが「慰安婦」問題で直面した問題ですね。この点は政権交代してもあまり変わらないようです。

戦時性暴力と「慰安婦」問題

加藤　これまで戦後補償について、実に多面的なお話をうかがってきましたが、大沼さんが取り組んでこられた「慰安婦」問題は、戦後補償運動の流れのなかで理解されるべきものですね。

大沼　これは戦後「補償」だけでなく、戦後責任、そしていわゆる歴史認識にもかかわり、さらにフェミニズムの主流化という歴史の潮流のなかでも大きな意味をもつ問題です。「慰安婦」問題は、問題の解決の前面に立ったアジア女性基金の功罪に短絡させるかたちで論じられやすいのですが、「慰安婦」問題と基金とのかかわりについては、この運動を主導した一人としてわたしは自分の立場を『「慰安婦」問題とは何だったのか』(二〇〇七年)と『慰安婦問題という問い』(二〇〇七年)という二冊の本にくわしく書きましたので、ここで多くを語ることはしません。大事なことは、この「慰安婦」という問題に政治家であれ官僚であれ、学者やジャーナリストあるいはNGOであれ企業人であれ、日本の国民がどうかかわったかであって、基金のかかわり方はその一部に過ぎないということです。

内海　いわゆる日本軍元「慰安婦」の問題は、すでに千田夏光の『従軍慰安婦』(一九七三年)という作品などがあり、日本人はこの問題を知らなかったわけではないし、東京裁判にも書証が出ている。インドネシアではバタビアなどの蘭印法廷でも裁かれています。しかし性暴力が戦争犯罪であるという認識が稀薄で、『戦場のレイプ』（シェリー・セイウェル監督、一九九六年）というカナダで作った映画のなかでも、戦後もずっと性暴力を戦争犯罪とみる視点は弱かったことが述べられています。これが一九九一年を境に変わるわけです。

九一年はボスニアで悲惨な「民族浄化」の問題が出てきた年です。この年には、韓国で金学順《キムハクスン》さんが名乗り出て、元「慰安婦」の問題が新しい展開になった年でもあります。フェミニズムの視点から戦時性暴力が戦争犯罪であることが提起されたのです。その後、ボスニア－ヘルツェゴビナ、ルワンダでの事例なども踏まえて、国際刑事裁判所（ICC）は「広範で組織的な性暴力は、人道に対する罪だ」と規定するにいたります。

大沼　内海さんが言われたとおり、九一年というのは、フェミニズムの観点からみて象徴的な年で、さらに九〇年代という時代そのものが——その前から見え始めてはいたけれども——世界的規模でのフェミニズムの時代だったのではないでしょうか。

内海　金学順さんは、高木健一弁護士が弁護団長をやった太平洋戦争犠牲者遺族会による戦後補償裁判の原告メンバーでした。彼女がカミングアウトしようと決意した直接の契機は、当時社会党の参議院議員だった本岡昭次さんの国会質問に対する労働省職業安定局長の答弁だったといいます。元「慰安婦」に関する裁判は一〇件起こされていますが、なかには原告への賠償を認めた下関判決（山口地方裁判所下関支部）のような例もありますが、それ以外はすべて原告敗訴です。下関判決も高裁ではひっくり返されました。

この「慰安婦」制度と深くかかわる問題として、占領地における性暴力の問題があります。『戦場の女たち』という映像があるのですが、これは関口典子さんという研究者がオーストラリア国立大学の修士論文として提出した作品です。この作品はニューギニアの日本軍駐屯部隊の性暴力の問題を取り上げていました。また班忠義《バンツォンイ》さんが、山西省での日本軍の性暴力を描いた『蓋山西とその姉妹たち』という映画を作っています（二〇〇七年）。そこでは言葉を失うようなすさまじい占領地での性暴力が証言されています。一九九〇年代前半のボスニア－ヘルツェゴビナの報告に、こうした証言が重なりました。しかも戦場における性暴力が、それまで戦争犯罪として十分に裁かれてこなかったことも明らかになってきました。そのような状況のなかで元「慰安婦」への償いを行う国民基金という案も出てきたし、女性国際戦犯法廷（二〇〇〇年）による責任者処罰という考え方も出てきたわけです。

戦後補償に関する国際公聴会での証言記録『生きている間に語りたかった』（一九九三年）というビデオに、当時の谷野作太郎外政審議室長がオーストラリアに住んでいるオランダ人元「慰安婦」の女性の話を聞いている場面が出てきます。彼の苦渋に満ちた表情は、政府としてできることを探ろうとする真剣なものだと思いました。

基金については、発足前に大沼さんから参加を打診されたことがありましたが、わたしはお断わりしました。自分がかかわっている運動があり、それ以外のことはできないということもありました。何よりも朝鮮人BC級戦犯の問題は、在日韓国人や朝鮮人からも日本人からもほとんどかえりみられない孤立無援の運動だったので、その運動にかかわった以上、それを続けるというのがわたしのスタンスでした。元戦犯たちは政府の謝罪と補償にこだわり続けてきた。金額はいくらでも、極端なことをいえば一円でもいい、政府の公的な金の支給を求めていた。それを謝罪のあかしとして考えたいのだと思います。

「慰安婦」裁判が負け続ける中で、韓国側から「責任者処罰」の要求が出てきて、それが女性国際戦犯法廷へと発展していきましたが、その運動の中で戦争裁判で性暴力がどう裁かれたかそれを調べるのがわたしの役割だと、自分で決めていました。一九八一、二年に高校教科書の検定の問題が出てきた時、さかんに「東京裁判史観」という言葉が使われていた。でも「史観」についての知識が乏しかった。それで「東京裁判とは何か」をわかりやすく解説した本をまとめたいと思って、『東京裁判ハンドブック』を共同で編纂したのですが、そのとき性暴力を独立項目として取り上げていなかったことへの反省です。わたしも含めて東京裁判研究にはその視点が弱かったんですね。

田中　それはいつの出版ですか。

内海　出版は八九年です。それはわたし自身が戦時性暴力を戦争犯罪としてとらえきれなかったことの、何よりの証拠ですね。それでわたしは、女性国際戦犯法廷の準備として、性暴力の視点から東京裁判の書証などの見直しをやろうと考えました。二〇〇〇年の法廷には間に合わなくて、二〇一一年にようやく『東京裁判――性暴力関係資料』としてまとめることができました。女性国際戦犯法廷から一〇年後の出版になってしまいましたが。

東京裁判では、中華民国とフィリピンが裁判国として加わっていた。裁判の検事は、「通例の戦争犯罪」の追及のなかで性暴力関係の書証もかなり出していたのです。オランダの検事はオランダ人女性を連行した「慰安所制度」を取り上げています。インドネシア人や華人への性暴力の書証も数は少ないですが出されています。ＢＣ級戦犯裁判のなかでも性暴力や慰安所の問題は一部ですが取り上げられていたのですが、それが研究者の間で議論されてこなかった。これは戦時性暴力を戦争犯罪として認識してこなかったわたしたちの問題だと思いました。東京裁判に関心を持ってきた者の一人として、書証だけは誰もが見られる形にまとめておきたいと思って共同で作業をしたのですが、結局、出版は二〇一一年になってしまいました。

加藤　いま、内海さんは、「慰安婦」問題を、戦時性暴力という、より広い枠組みのなかで理解し対応することの大切さについて語られました。争点となっている問題を、当時の歴史的文脈のなかに置き直してみることで、「慰安婦」問題への新たなアプローチも可能となる。田中さんも多くの裁判にかかわられたなかで、そのような、ご自身の運動の対象を広くとったり、あるいは世界や社会の情勢の変化を待って、当面は問題を限定したりすることで、より実態に即した運動を展開するため、工夫されたことなどございましたか。

田中　わたしも実は大沼さんに基金に誘われて断わった口なんです。その時わたしは、在日の戦傷軍属の補償問題、それから中国人強制連行の問題、この二つに首を突っ込んでいたのです。それでたぶん、大沼さんにこう言ったと思うんです。とりあえずは「慰安婦」問題でやるとしても、できればアジア和解基金とか、そういうものに持っていけないか。「女性」と限定すると対象が「慰安婦」に固まってしまうから、もうちょっと間口を広くして、ゆくゆくはそういうものにつながり得るようなものであるなら、わたしとしても参加するのにやぶさかではない、とね。自分がいま抱えている問題からずれてしまう、それでわたしは断わった。大沼さんにどう伝わっているかはわからないけれど、わたしはそういう気持ちだった。

大沼 田中さんのそういう気持ちはわたしも十分理解できるもので、内海さんや田中さんに加わってもらえなかったのはほんとうに痛手ではあったけれど、それは各々が各々の問題、運動をかかえているのだから、やむを得ないことですよ。

内海 田中さんからその話は聞いたことがあります。

田中 国民基金ができたとき、政府がお金を出さないのはけしからんという議論がありましたね。基金は民間からの募金を呼びかけましたから。わたしは、民間の募金を募るときに、それと政府のお金とをあわせるという条件つきで募金を呼びかけるべきではないか、拠出する側も「これは政府が出してくれることを前提にお金を出しますよ」という条件をつけて出したらどうかと、ある集会で言ったのですけれども、誰も関心を示さなかったですね。

大沼 とにかく「国家補償」の大合唱で、せっかく村山内閣が政治的にギリギリ実現可能な案を出したのにそれを拒否して「国家補償」を言わなきゃ人間じゃない、みたいな雰囲気でしたからね。

内海　戦後補償法をつくって戦後補償の問題を抜本的に解決する道を探ろうという動きがありましたが、いま焦点になっているのは、基金や財団の設立です。その一方で元「慰安婦」や性暴力の被害者の話を聞いたり、先ほどの『蓋山西とその姉妹たち』を見たりすると、どんな言葉で語っても、謝罪などできないと思わざるを得ない。とことんまで被害者の絶望と心の傷に向き合っていく以外にない。「国家補償」を強く求めるのもそのためです。「慰安婦」だけではなくてアジアの被害者に共通した感情だと思います。

一緒に活動していると、こちらのちょっとした発言で相手の感情が激昂するときがありますが、それは激昂させる被害体験がそこにあるということです。加害者と被害者の間の深い溝、亀裂をいつも考えながら、あくまでも対話を続けていく。対話には時には謝罪も当然入ってきますが、とにかく対話しながら続け、ともに動くということが大事だと思っています。

「慰安婦」問題と結果責任

加藤　大沼さんの「慰安婦」問題についての取り組みをうかがっていく際に、上野千鶴子さんが書かれた「アジア女性基金の歴史的総括のために」(『生き延びるための思想』所収、二〇〇六年)が参考になると思うのです。上野さんは、大沼さんの書かれたものを引用するかたちでまとめて、政府と国民がともに公共性を担うのである、というのが大沼さんの考え方のひとつの特質であろうと書かれていました。国民の一人としていかに公共性を担って行動するのか、その思想と運動の兼ね合いについて、大沼さんはある種、最も真摯に考えてこられた方だとわたしは思います。このような、思想と運動のせめぎ合いといった点について、大沼さん、お話をうかがわせてください。

大沼　『「慰安婦」問題とは何だったのか』でも強調したんですが、思想というのは、なにかインテリの頭の中にあるものであってはならない。日々の行動の原理、実践の原理として自分の中に入って血肉化していないとダメ。それはおそらく田中さん、内海さん、われわれが市民運動を一緒にやってきた仲間にも共通する考え方で、戦後責任の思想というのは、まさにそういうものであったと思う。

つまり戦後責任とは、必ず具体的な被害者、傷ついた者にかかわる思想であり運動だということです。戦争と植民地支配による被害者、傷つけられた者がいる。それを取り上げ、回復し、償いをしようとする。償いなんて、ほんとはできない。それでも、そうした被害者のなかに「ああ、自分たちの問題が取り上げられてよかった」という思いがわずかでも残らないと、いくら素晴らしい「思想」がそこにあっても、それは思想とは言えない。その点でわたしは、この問題について上野さんが、結果責任を問うべきだと言っていることに共感し、高く評価するのです。上野さんは、アジア女性基金を厳しく批判しながら、では自分たちは基金の代わりにどういうことができたのだろうか、という問いを発しています。これは決定的に重要なことです。

アジア女性基金を作らなければ、補償もない、謝罪もしない、償いもないという状況が続く。「特別立法で解決を」という「選択肢」は勇ましいけれど、国会での力関係、自民党内と官僚機構の強靭な抵抗の前では真の選択肢とはとうてい言えない。具体的で意味のある選択肢と結果責任の問題は、この問題を論じたすべての論客が問われるべきことでしょう。

わたしは、思想が長い時間をかけて社会を変えていく、そういう「大思想」の長期的な力は認めます。そうした思想を語る人に、「おまえは実践もやらないで観念的なことばかり言って」という批判をするつもりはありません。目の前の現実を変えることはできなくても、五〇年、一〇〇年経って社会を変える力をもつ「思想」も大事です。ただ、そうした抽象的・思弁的な思想と、目前の元「慰安婦」の方が「ああ、よかった」と少しなりとも思えるような直接の結果をめざす思想のあり方とは別のものだ、という自覚は明確にもってほしい。それは、上野さんの言う結果責任の自覚であって、その「結果」は、自分たちの力量と目の前の政治状況のなかで、実際にどれだけのものが勝ち取れるかによって測られるものなんです。

加藤　ああ、そうでした。上野さんは、結果責任、という点からたしかに書かれていましたね。思い出しました。

大沼　そうした視点からいうと、その判断は一に当時の村山内閣の政治的力量の評価と、将来村山内閣以上のことをやってくれる内閣ができるのか、「特別立法」をやってくれる国会をわたしたち日本国民は近い将来持つことができるのかという政治的予測にかかっていました。村山内閣が実現すべき無数の政治課題のなかで、何と何に絞り込めば実現できるのか、という話と、村山内閣の後の内閣が「慰安婦」問題解決にどれだけ本気で取り組んでくれるのか、という話です。

一九九四年一〇月初めに、村山内閣で、歴史認識問題の解決に最も熱心で、内閣の要にいた五十嵐広三官房長官と少数のメンバーが、先ほど田中さんが言われたようなものも含めて突っ込んだ議論をしました。そのときわたしは議論の最後に、「五十嵐さん、われわれの力からいって、とにかく「慰安婦」の問題に特化してやるしかないでしょう。いまの村山内閣には、強制連行の問題などさまざまな問題をまとめて包括的な基金を提示して、それを実現できる政治的力量はないわけですから」と言いました。包括的な基金案はわたし自身、自民党内の強硬な反対派を説得しなければ、という強い気持ちであえて有名な右寄りの月刊誌に発表していました(「戦後補償と国家の品格」『諸君!』一九九四年一一月号)。ただ、わたしは五十嵐官房長官の近くで相談にのったり助言したりしていたので、政府内と国会での力関係から実際にはそれが不可能なことがよくわかった。さっき内海さんが言ったように、八〇年代フェミニズムの力は戦後補償の問題に届いていなかったのですが、九一年に状況が決定的に変わった。金学順さんのカミングアウトによって。それが膨大なエネルギーを生み出したのだから、まずはこの問題からやるほかないと覚悟を決めたのです。

実は村山内閣の政治的力量からいうと、そこまで絞り込んだって、ほんとうにやれるかどうかわからなかった。当時首相を出していた社会党は衆議院の三分の一の勢力です。社会党よりはるかに力の強い自民党のいちばんの実力者である橋本龍太郎さんは、一九三一年から四五年の戦争が違法な侵略だったとか、植民地支配への償いが必要だという考えに強く反対してきた遺族会の会長です。政府に批判的な学者やNGOは、自分のまわりに同じような主張の仲間が多いから自分たちの主張や力を過大に評価しがちだけど、政府に政策として実現させる現場はそんな甘いものじゃない。それで、まずは「慰安婦」問題解決に限られた力を集中するしかない。そういう決断をしながら、田中さんと内海さんの顔が脳裏に浮かんできて、恨まれるようなことを俺は言っているんだよな、ここで、と思ったことをいまでもありありと憶えています。非常につらい決断だったので、すごく記憶に残っている。

加藤　選択と決断が問われていたのですね、皆さんのなかで。

大沼　そう。日本のNGOも、政治家も官僚も、皆何をとって何をあきらめるか、選択と決断を迫られた。たとえば中国の元「慰安婦」を償いの対象に入れるべきか否か。当時の日本の中国公使――のちに大使になった方ですが――と北京で激論を交わしました。わたしは、中国にも「慰安婦」にされた人たちは大勢いるのだから、償い金を出すべきだと主張したのですが、その公使は真っ向から反対して、それは日本にとって不利益であるだけでなく中国政府も絶対認めない、と主張した。それを認めたら、七二年の日中共同声明で中国が賠償放棄して解決済みにした体制が崩れる。中国政府はそれを非常に嫌うから、中国では元「慰安婦」への賠償はできない、と。大激論になりましたが、結局日本政府はその線を譲らず、中国で償いはできなかった。たしかに、北京の国連女性会議(一九九五年)でアピールしようとした元「慰安婦」関係者の動きを抑えつけるなど、中国政府はこの問題に消極的だった。それでも、日本政府は中国側への働きかけはやるべきだったと思います。仮に中国政府の反対のため実現できなくても、日本の原則的な姿勢は明確に示すべきですから。

償いを純粋に民間でやるべきだったのかという問題も選択と決断が問われた問題です。「償い」に日本政府が入ってくるから、政府は賠償もしないでそういう形でごまかそうとしているとして被害女性たちが怒るのだ、だから純粋に民間からの償いとしてやればその気持ちは伝わったはずだ、と上野千鶴子さんは批判した。ハーバード大学の入江昭さんも同じ意見でした。それはその限りでは正しい。日本政府のごまかしだと言って反発した元「慰安婦」の人も多数いますからね。

けれども実際問題として、これは田中さんと内海さんにはわかってもらえると思うけれども、日本のＮＧＯの募金能力はきわめて低いのです。それをわたしは肌身にしみてわかっていたから、女性たちが運動で盛り上がっているといっても、被害者の人たちに実質的に意味のあるお金を集められるとは思えなかった。アジア女性基金が実際に償いをお渡しした被害者は三六四人。上野さんたちが主張するように、純粋民間の募金で受け取る側の反発が少なく、仮に五〇〇人が「受け取りたい」と言ってくれた場合、日本のＮＧＯが目一杯頑張って五千万円募金を集めたとして、「はい、これだけ集まりました」と言って差し出すのが一人当たり一〇万円です。「慰安婦」という過酷な運命を日本から強いられた方が、「民間の善意」の結果だとして受け取ってくれるでしょうか？　額は問題でない、と受け取ってくださった方もいるかもしれないけど、「バカにするな」と突き返す方もいたでしょう。なによりも、一人当たり一〇万円しか差し上げられない「償い」は、「償う」側の自己満足でしかないのではないか。

韓国の側にも選択と決断の問題はありました。わたしは「慰安婦」問題の解決のため何度も韓国に足を運んで、基金を厳しく批判していた韓国の知識人、ＮＧＯのリーダーたちと話し合いました。そのときわたしは、アジア女性基金がやっていることは日本では右寄りの人々からは自虐行為だと批判され、他方で韓国からも批判されている。つまり韓国のＮＧＯやメディアは、日本の右寄りの人の、「基金のやっていることは評価されていない、基金のやっていることは国民の税金を使って反日感情をあおっているだけだ」という主張をまさに証明する行動をとってしまっている、もう少し実現可能な要求を基金とともに考え、協働してほしいとくりかえし主張したのですが、受け入れてもらえなかった。韓国の有力なＮＧＯのなかには、自分たちの「正しい」主張の実現が最も大切であって、それには五〇年、一〇〇年かかっても仕方がないと公言する人もいました。「そんなことを言ったら、肝心の元「慰安婦」の方々はすべて亡くなってしまうではないか」と言っても、態度は変わらなかった。それは彼女たちの「選択と決断」ですが、それが正しかったとは思えない。

内海　そのころわたしが考えていたのは次のようなことです。日本の軍隊は「大東亜共栄圏」の全域に展開していたわけですから、性暴力もこの範囲で起こっている。韓国、台湾には女性団体があり、被害者をバックアップする力を持っている。しかし、インドネシアでは被害者をサポートできるような強力な団体や運動はなかった。法律家や元兵補の団体が動いていましたが、被害者を支えきれる力はなかった。日本軍の性暴力の問題は占領地だった地域でいま、どのような調査や運動ができているのか、東南アジアも視野に入れて議論をしていくことが重要だと思っていました。それで、女性基金に一度、抗議に行ったことがあります。基金がインドネシア政府にお金を出すというので、「いまの政権に金を出しても被害当事者のもとには届かない」と。各国それぞれの政治事情と運動の力量に応じて状況は全部違う。

大沼　いま内海さんの言われた危惧は、和田春樹さん、下村満子さん、わたしなども、強く持っていました。インドネシア政府は、韓国やフィリピン政府と違って、元「慰安婦」の人たちを認定していなかったし、やる気もあまりなかった。そのためインドネシアについては個別の償い事業を諦めて、代わりにインドネシア政府にお金を渡して、そのお金で元「慰安婦」が入れるアパートをつくって彼女たちの老後を保障するという案が、外務省出身の理事から出てきた。日本政府がそのようなインドネシア政府からの要請に応えて、基金にそうやってくれと言ってきたわけです。

わたしや和田さんなどは強く反対したのですが、理事会で通ってしまった。ただ、さすがにこの問題がこれだけ注目を浴びたし、基金にもうるさい連中がいるということで、お金は途中で役人のポケットに入ることはなく、まともなかたちで使われたのではないかと思います。

わたしなどが実際に現地でアパートを見て回ったら、最初から危惧していたとおり、もっぱら元「慰安婦」の人たちが入るのではなく――元「慰安婦」と確認できた方々もいましたが――、一般の貧しい老人向けの社会福祉施設になっていました。この点についてインドネシア政府のお役人は、この国ではカミングアウトする人は非常に少なく、やむをえないのだと弁明していました。インドネシアのNGOも、この点は同意見でした。

基金の発足にも一二年間の実践にも、無数の問題があったのは事実です。とりわけ政府には、深く反省して今後の姿勢を考えてほしいと望むことがあります。

それは「法的に解決済み」という論法と、「官＝公」という発想です。わたしも国際法学者ですから、「戦後処理」を積み上げてきたサンフランシスコ平和条約、東南アジア諸国との賠償・準賠償協定、日韓請求権協定という一連の条約による決着は大切であって、一部でも壊すと関係国とこれまで苦労して積み上げてきた枠組みがめちゃめちゃになってしまうから避けるべきだという議論もわかるのですよ。しかし法的安定性だけが唯一の価値ではない。「慰安婦」制度のように人間の尊厳を根源から傷つけるような問題が明らかになったとき、既存の法的枠組みを超えるかたちで問題に取り組み、しかもそうした例外の野放図な拡大をいかに抑えるかこそ、優秀な官僚たちが総力をあげて学者やＮＧＯとともに考えるべきことでしょう。

ところが政府、具体的には多くの官僚は、既存の枠組みはまったく変えないで、基金を自分たちの下請けとして利用しようとした。しかも、こうしたギリギリの線で政府と市民がともに公共性を担う組織として創られたアジア女性基金の意義と活動を、メディアを通して発信しようとしないで、ひたすら批判から身を隠そう、逃げようとした。情けなかったですね。こうした政府の市民社会への向き合い方は、今後政府の基本的な姿勢として根本的に考え直してほしい。一二年間政府と一緒に働いた過程では、実に誠実に対処してくれて、今も個人的なつき合いが続いている方も何人かいるのですが……。

「慰安婦」問題打開の道

田中　二〇一一年八月三〇日、韓国の憲法裁判所は、元「慰安婦」が請求した憲法訴願について、「①申請人らが日本国に対する日本軍慰安婦としての賠償請求権が、日韓請求権協定第二条により消滅したか否かに関する韓日両国間の解釈の紛争を、②この協定第三条〔紛争解決〕が定める手続きにより解決しないでいる外交通商部長官の不作為は、③違憲であることを確認する」と決定しました。

それを受けて、和田春樹さんはのちに、『世界』二〇一二年一二月号で次のように書いています。「私はこの判決に希望を見た一人であった。私は……「アジア女性基金」に当初より関与し、二〇〇七年三月、この基金が解散する直前の二年間は基金の専務理事をつとめた者である。基金に関わった者たちは、被害者の方々に日本国の謝罪と国民的な償いの気持ちを伝えようと真剣に努力した。だが、一部ではたしかに成果を生み出したとはいえ、韓国と台湾においては和解にいたることに失敗した」と書いています。

この決定を受けて、韓国外交通商部はさっそく日本側に協議を申し入れましたが、日本側は「解決済み」という立場から、これに応じようとはしませんでした。二〇一一年一二月一四日には、一九九二年一月からの「水曜デモ」が一〇〇〇回目を迎え、この日を記念して大使館前に慰安婦にされた少女像が建立されるという事態も重なりました。しかし、藤村修官房長官は記者会見で、少女像の撤去を求める考えを示すなどの対応をとるばかりでした。

一二月一七日、一八日の両日、京都で開かれた日韓首脳会談の席上、李明博《イミョンバク》大統領は多くの時間を割いて野田佳彦首相に慰安婦問題の解決を迫り、その後さらには竹島上陸にまで及ぶことになります。

内海　そのあと、翌年の五月二四日ですが、三菱重工と日本製鉄に対して元徴用工らが起こした賠償請求訴訟について、請求を棄却した韓国高等法院判決を大法院が破棄していますね。そして三菱重工のほうは釜山高等法院に、日本製鉄のほうはソウル高等法院にそれぞれ差し戻すという判決を言い渡しています。

原告の人たちは、以前、三菱に対しては広島地裁に、日本製鉄に対しては大阪地裁に提訴をしていましたが、いずれも請求が棄却されていました。大法院の判決では、これらの日本の判決について、「大韓民国憲法の規定に照らして見るとき、日帝強制占領期の日本の朝鮮半島支配は規範的な観点から不法な強占に過ぎず、日本の不法な支配に因る法律関係のうち、大韓民国の憲法精神と両立しないものは、その効力が排除されるとみなければならない」と否認しています。また、日韓請求権協定において消滅したのは、「韓日両国間の財政的、民事的債権・債務関係」に関わる請求権のみであり、「日本の国家権力が関与した反人道的不法行為や植民地支配に直結した不法行為に因る損害賠償請求権が、協定の適用対象に含まれたと見るのは難しい点に照らしてみれば、原告らの損害賠償請求権に対しては請求権協定で個人請求権が消滅しなかったのは勿論のこと、大韓民国の外交保護権も放棄されなかったとみるのが相当である」と述べていました。日韓関係の基本にかかわる重要な歴史認識の問題がここに示されています。

田中　その後二〇一二年の一二月、日本では総選挙が行われ、韓国では大統領選挙が行われました。日本では自民・公明が圧勝し、安倍晋三政権が発足、韓国ではセヌリ党の朴槿恵《パククネ》さんが大統領に当選しました。自民党の「総合政策集、二〇一二」には、教科書検定基準にある「近隣諸国条項」の見直しや、政府主催で「竹島の日」(二月二二日)の式典を開催するなどを掲げていましたが、安倍総裁は、首相就任前にさっそく「竹島の日」の式典は見送ることを決定し、韓国側も「報道の通りであれば、幸いな決定だと思う」と応じています。

安倍首相は、以前から「慰安婦」問題に関する「河野談話」の見直しを主張していましたが、初の女性大統領となる朴槿恵さんが「河野談話」の見直しなどを受け入れるとは考えにくいでしょう。やはり、被害者の心に届く解決策を考え、和解の道をさぐるしかないのです。

加藤　この間の韓国の動きを、ああ、またかという気持ちで眺める人々が、現在の日本では少なくないのではないでしょうか。しかし、日本政府、外務省など国家の側には、先ほど大沼さんの言われた「既存の法的枠組みを超えるかたちで問題に取り組み、しかもそうした例外の野放図な拡大をいかに抑えるかこそ、優秀な官僚たちが総力をあげて、学者やNGOとともに考えるべき」だと求め、国民の側には、自らも公共を担うという気概を持つべきだと求める、そのような将来への見取り図はとても参考になると思うのです。

大沼　わたしは国際法学者として、韓国の憲法裁判所をはじめとする、田中さんと内海さんが挙げられたいくつかの判決には、かなり疑問な点があります。韓国の優れた国際法学者にも、こうした判決に批判的な意見はあるのです。この点は明らかにしておきたい。

他方において、村山談話、河野談話を否定するような動きに対しては、わたしもお二人と同じく、絶対にやってはならないと思っています。

第二次大戦と植民地支配への反省を公にした村山談話と「慰安婦」問題にかかわる河野談話に示された歴史認識は、中韓だけでなく、他のアジア諸国、米国や欧州も含む国際社会の共通の認識です。それを否定することは、国際社会全体の認識に異を唱えることになる。「日本はそんなに独善的な国なのか」とあきれられてしまう。村山談話と河野談話が国際社会でもつこうした重みを考えないと、大変なことになる。安倍総理は、米国政府からの強い反対もあってようやく両談話を継承することにしたようですが、「保守」を唱える政治家なら、そういうリアリズムこそ身に付けてほしい。

結局、「慰安婦」問題を含む歴史認識をめぐる対立の構図を緩和するには、双方の政治指導者が安易なポピュリズムを排して折れ合っていくほかない。韓国と中国の指導者、運動体、メディアも、侵略戦争、植民地支配といった「日本の弱み」を言い立てることが日本の国民感情を傷付け、逆効果になるということをそろそろ自覚すべきです。日本が「右傾化」しているのは確かで、それには不況による閉塞感、中国に追い越され、軍事的に威圧されることへの不安、韓国に「韓流」や電気製品などで「負けている」ことへのいらだちなど、さまざまな理由がありますが、「慰安婦」問題や「歴史認識」問題について日本としては努力して反省を示してきたつもりなのに、韓国などからそれが一顧だにされなかった、という不満も大きな要因です。和解にはもちろん日本側の努力が必要ですが、韓国、中国の側にも、日本の努力を理解し、謝罪と反省を受け入れる気持ちがないと日本の一般市民の気持ちも遠ざけてしまうことを理解すべきです。

日本政府にも、「被害者の心にとどく解決策」を真剣にさぐろうという人はいるのです。ただ、韓国側が日本の「弱み」を言い募り、高度な要求に固執していると、日本自身の世論が一九九五年当時より中韓への反発が強い状況下で、そういう人も動けない。わたし自身は、アジア女性基金の呼び掛け人・理事として働いていた当時から、総理が寝たきりになっている韓国の元「慰安婦」の方のところに行って深々と頭を下げ、手をさすってあげなさい、それはドイツのブラント首相がワルシャワ・ゲットーで跪いたのと同じ意味がありますよ、と言っています。「右翼」「タカ派」の安倍首相がそんなことをするはずがない。それが常識でしょう。でも、そういう首相だからこそ、それができればインパクトは巨大なのです。指導者は国内のすさまじい非難を覚悟して、日本のため、東アジアのため、世界のための決断をすべきなのです。

戦後責任を表象する

加藤 そろそろ、この連続討議を締めくくらなければなりません。ここで、戦争責任や戦後責任というものを、日本社会全体がいかに受け止めてきたのか、またいかにそれを表象してきたのかという点について、社会のあり方を映し出す文学作品や映像作品に即してふり返ってみたいと思います。その後に、残された課題についてもそれぞれお考えを述べていただこうと思います。

大沼　日本の戦争責任に対する戦後の社会全体の姿勢を考える場合、よくドイツと対比されます。いろんな対比の仕方があるんですけど、指導者の違いはたしかにあります。今言ったように、西独のブラント首相がワルシャワ・ゲットーで跪いて世界中に感銘を与えたのに、これまで日本の首相はそういうことをやってこなかった。その点はたしかに違いはあって、日本人としてとても残念な点ではある。原文兵衛さんと五十嵐広三さんはほんとうに立派な政治家だったけど、ブラントのように世界中に知られたわけではなかった。ただ、もうひとつの違いとして、ドイツの場合、戦争責任をテーマにする文学のジャンルができているのに日本ではそれはなかったといわれることがあるのですが、その点はどうなんでしょう？

わたしは文学の専門家ではないのですが、たとえば遠藤周作の『海と毒薬』（一九五八年）、これは九州大学の捕虜の生体解剖実験を扱った非常に優れた作品ですね。それからきわめて重要な作品として、木下順二さんの『神と人とのあいだ』（一九七〇年発表）。これは、「審判」という主要戦争犯罪人を裁いた東京裁判の部分と、ＢＣ級戦犯裁判を題材にした「夏・南方のローマンス」という二部構成でできている。とくに後者が重要だと思います（大沼「不条理へのこだわり」『東京裁判、戦争責任、戦後責任』所収）。そのほかにも多くの文学作品がありますが、最近のものでは、何といっても井上ひさしさんの東京裁判三部作でしょう（「夢の裂け目」二〇〇一年、「夢の泪」二〇〇三年、「夢の痂」二〇〇六年に上演）。庶民の戦争責任の問題を、戦後日本の庶民がひとりひとりどう考えてきたのかという戦後責任の観点が井上ひさし一流の笑いと涙のなかに見事に示されている。

あとどうしても落とせないものとして、吉田満の『戦艦大和ノ最期』（一九五二年）。愚かな、まちがった戦争を始めてしまった指導者たちのせいで死ななければならないことをどう自らに納得させて死んで行くのか。それが戦艦大和という象徴的な舞台で描き出される。これはプロの作家のものではありませんが、よくこれほどのものがこの世に残ったと思うくらい感銘深い作品です。かつては左派やリベラルから批判された作品ですが、わたしにとっては井上さんや木下さんの作品に匹敵すると思うくらいの作品です。吉田はほかに、『戦中派の死生観』（一九八〇年）という、同じく戦争をやってしまう国家とは何か、そうした国家にわれわれはどう向き合って生きるべきなのかという根源的な問題を深く考えさせられる作品も残しています。

内海　大沼さんは以前に岡本愛彦演出の『私は貝になりたい』への感動を語っていましたが、たしかに一三階段をあがっていくラストシーン、「どうしても生まれかわらなければならないのなら、私は貝になりたいと思います」の場面は、ナレーションとBGMが相まって何度見ても滂沱の涙、非常によくできた作品だと思います。この作品は現在、加藤哲太郎原作となっていますが、加藤をはじめ戦犯たちが刊行した手記集を橋本忍が脚色したというほうが正確です。「私は貝になりたい」という言葉は加藤の手記からですが、加藤の手記には戦犯の視点から見た天皇批判が一頁にわたって綴られていますが、橋本の脚本からはこの部分はまったく落とされている。

巣鴨の戦犯たちが刊行した『世紀の遺書』(一九五三年)や『われ死ぬべしや』(一九五二年)、『あれから七年』(一九五三年)、『壁あつき部屋』(一九五三年)などからは二本の映像作品が作られています。このあたりは『スガモプリズン――戦犯たちの平和運動』(二〇〇四年)に書いたので簡単にふれるにとどめますが、ひとつがいま言った橋本忍の脚本による『私は貝になりたい』(一九五八年)、もう一本が『壁あつき部屋』(一九五六年)です。『壁あつき部屋』は、安部公房が脚本を書き、小林正樹が監督した。制作には手記を書いた戦犯たちも協力しており、小林監督たちが刑務所のなかに入って撮影している。でもこれは三年間もお蔵入りになりました。そのためBC級戦犯のイメージを作るのに大きな影響をもったのは、遺書集の『世紀の遺書』とテレビ版や映画版の『私は貝になりたい』ではないでしょうか。

『世紀の遺書』と『壁あつき部屋』とでは、同じ遺書・手記といっても、性格はずいぶん違います。『世紀の遺書』は、敗戦から処刑までのわずかな間に死刑囚が残した苦悩に満ちた遺書を集成したもので、基本的には戦争の延長です。そこには不当な裁判で死刑になったという意識が前面に出ている。A級戦犯のように尋問があり、長い間の法廷での審理があり、戦争中の責任について考える時間と体力・気力があった人たちとは違う。トイレの紙や上着に書いたもの、壁に書いたものを書きうつしたものが、遺族に手渡されています。なかには、あまりにも激しいうらみつらみがつづられていて、そのまま遺族に渡すには忍びないので、「……で死んでいきます」のような言葉に書きかえて渡したと、シンガポールのチャンギー刑務所で戦犯の世話をしていた人が話していました。

一方、『壁あつき部屋』は、有期刑の戦犯たちが、スガモプリズンのなかで十分に考える時間をもつなかでまとめられたものです。アジアへの加害責任というような言葉は使っていませんが、その問題意識も出てくる。一九五一年のサンフランシスコ平和条約の調印と前後してオランダやシンガポールにいた戦犯が送還されてきましたが、その人たちのなかには自分たちがアジアで何をやったのか、「大東亜戦争」「アジア解放」の虚構を考えていた人がいました。そういう若き戦犯たちの懊悩を手記でまとめるように促したのが、今井知文さんと巣鴨(日本に管理が移管された後は漢字表記)に行った親鸞を研究していた日本共産党の林田茂雄さんです。今井さんは、教誨師の田嶋隆純さんと一緒にスガモプリズンを訪問し、その後、戦犯たちを物心両面で支えた方で、東京の平井で開業医をしていました。

スガモも一九四五年、四六年のころは労働がきつくて、これなら死んだ方がましだとこぼす戦犯もいましたが、それが終わるとほとんど労働もない。裁判も終わっている。三食・宿舎付きです。仮釈放が始まる五六年ごろまで所内で『すがも新聞』を発行したり、句集、歌集、スケッチ集、小説などがつぎつぎに出されます。この資材はスガモ当局が提供しました。

加藤　わたしたちの世代ですと、文学では堀田善衛の影響が大きかったですね。堀田は太平洋戦争の最終盤に上海に渡った文化人で、『時間』(一九五五年)という作品は南京事件を中国人側から書いた小説です。大沼さんが「不条理へのこだわり」で書いていた不条理の対等性と不道義の対等性というものは、六〇年代生まれのわたしたちの世代には入っていると思います。

大沼　日本の側における戦争犯罪の不道義と連合国の側における戦犯裁判のいいかげんさという不道義を比べて「おあいこでしょう」という「対等性」の感覚と、罪なき日本兵が戦犯裁判で処刑されるという不条理と、ある日突然日本軍に侵入され、殺されてしまうという日本の侵略戦争の犠牲者からみた不条理との「対等性」という意味でわたしは使いました。

加藤　ところで、先ほど大沼さんは井上ひさしさんの作品にふれられましたが、なぜ井上さんはかなりあとになってから東京裁判三部作を書いたのか。そのあたりはどうなんでしょうか。

大沼　井上さんの軌跡をずっと追っているわけではないのではっきりは言えませんが、あれほど日本共産党を支持して行動を共にしてこられた作家にとって、時間はかかるんじゃないんでしょうか、庶民の戦争責任という思想にまで至り、しかもそれを公けにするまでには。マルクス主義に近い知識人の間では、戦争責任は一部の軍国主義者が負うべきものであって、一般国民には責任はないという考えが強固に支配していましたから。

田中　戦後補償問題などが噴き出してきたことも大きいのじゃないかな。

内海　日本共産党が、戦争裁判、戦犯をどう考えていたのかも問題です。安部公房は巣鴨で戦犯たちと面会して、ここに真に侵略戦争を考え反省している人たちがいると言っていますが、共産党は戦犯を厳しく見ていた。共産党のこの問題への取り組みは、わたしたちが加害責任の問題を考え、戦後責任の問題へと運動を進めていった時期より遅かったのではないですか。

大沼　はるかに遅い。日本の学界、とくに歴史学界と言論界では、戦後共産主義・マルクス主義的な影響が非常に強かった。八〇年代までは、歴史学者・歴史学界、それから日本の小学校・中学校・高校の教員のなかで、そういう思想的な影響の下に置かれていた人がかなり多かった。その人たちは、民衆は無実である、悪いのは日本のひと握りの軍国主義者であると、ずっと言ってきたわけです。こうした日本民衆善玉・軍国主義悪玉論から脱却することが、七〇年代から九〇年代までの日本社会の大きな課題だったのです。だからわたしは、『サハリン棄民』(一九九二年)を書いたときに、日本政府は冷たかったけれども、日本社会も冷たかった、と書いたんです。民衆から完全に独立して政府だけが悪いということはありえない。政府はわれわれの鏡なんです。それが歴史学界にもようやく受容されるようになるのは、九〇年代以降ではないでしょうか。

内海　六〇年代には戦争裁判だけではなくて、戦争に動員された朝鮮人の軍人・軍属の問題を正面から扱った映像が出てきました。大島渚が監督した『忘れられた皇軍』(一九六三年)が有名ですが、象徴的なのはこれを日本テレビが制作したことです。一九六九年の『ある告発』は朝鮮人BC級戦犯をあつかったものですが、これも日本テレビの制作です。監督は岡本愛彦。牛山純一がプロデューサーです。戦争裁判の問題で植民地問題との関連があまり議論されてこなかったのと同じように、日本の戦争に動員された旧植民地出身の軍人・軍属についても長く無視されてきた。それを真正面から取り上げたのが、この二本のドキュメンタリーでした。わたしはたまたま『ある告発』を見て、こんな問題があるのかとショックを受けたのですが、戦後責任の問題のなかで、軍人・軍属として戦争に「協力」した朝鮮人、台湾人を取り上げることはなかなか難しかったのです。

未決の問題

加藤　さて最後ということで、皆さんから、残されている課題についてひとことずつお願いします。

田中　わたしたちは在日のいろいろな問題にかかわってきたなかで、ある頃から単にあれがだめ、これがおかしいと言うだけではなくて、むしろ政策のグランド・プランを持たなければだめなんじゃないかと考えるようになりました。大袈裟に言うと、政権をとったら在日の問題にたいしてどういう立法が考えられるのかという観点から、市民運動のなかで、在日の特別立法――戦後補償と人権保障を盛り込んだ――のデッサンのようなものをつくらなければならないと考えたのです。アメリカでは、前にも言ったように、日系人に対する補償について一九八三年にバーンスタイン報告が出て、八八年にそれを立法化した市民自由法ができる。そこで一人二万ドルの補償と大統領の謝罪の手紙が決められたのです。それを横ににらみながら、一九八八年に「在日旧植民地出身者に関する戦後補償および人権保障法草案」を発表した。

ところが、戦後補償については、そのときわれわれは一人も固有名詞をあげることができなかった。それまでの運動というのは大体、生身の当事者がいて、個別具体的な問題に即して展開していました。就職差別があるからアファーマティブ・アクションをどうするかとか、指紋の問題があるから指紋はやめろとか、そういうのが時間をかけて社会を動かし、政府や国会を動かして法律の改正が行われているんです。ところが戦後補償については、日本に市民運動の実例がなかった。

加藤　ああ、これは実に興味深いご指摘です。

田中　それで、一緒にやっていた仲間を叱咤したのです。「草の根を分けてでも、戦争でケガをした人とか死んだ人の遺族を誰か探し出してほしい」と。そのとき、もう亡くなったけれども、川崎の牧師李仁夏《イインハ》さんがこう言った。「田中さんがそこまで言うのなら、実はわたしはよく知っている人がいる」と。石成基《ソクソンギ》さんという人で、彼はマーシャル群島で右腕を失ったにもかかわらず何の補償もないということで、一九七一年には抗議のために首相官邸に車で乗り込んだ人なのです。李さんの話では、石さんから自分は何度もそのことで相談を受けたけれども、日本の戦争でケガをした補償なんて、「そんなもの知るか」というのが実は自分の気持ちだったが、田中さんがそこまで言うならと教えてくれたんです。日本の戦争に行ってケガをした朝鮮人が日本政府に補償を求めるということですから、「植民地支配に抵抗し反対してきたわが民族」という建前からは、「日本の戦争に行ってケガをして、何を泣き言を言ってるんだ、おまえらは」という厳しい視線が投げかけられていた。

それで運動を立ち上げて、正式に神奈川県庁で戦傷障害年金の請求の申請をしたのが、九一年一月です。今でも覚えていますが、湾岸戦争の真っ最中。石さんが首相官邸に乗り込んでから二〇年がたっていました。そのときに石さんが記者会見で言ったのです。「日本は人道主義から掃海艇を海外派遣するといっていますね、ということは、われわれをほっぽらかしにしているのも人道主義からなんですね?」と。それはわたしにはすごく印象に残っています。

その運動のなかで気がついたことのひとつは、同じケガをした日本人なら——石さんは利き腕の右を失っているので、これは戦傷の度合いでいうと第三項症に該当しています——一年間に三九〇万円の年金がもらえるのです。ところが、石さんは一銭ももらっていない。それはあまりにもおかしいということで裁判をやったけれども、残念ながら日本の司法は、これほど明白な差別に対しても、国籍を楯にとって絶対救済しないのです。

調べていくほどに、日本人に対してはびっくりするほど膨大なお金が支払われていることがわかってきて、かつて「一視同仁」とかなんとか言っていたくせにおかしいじゃないかと「意見書」に書いたのですが、結局、「何らかの解決をしてほしい」というような「付言」が少しついた判決が出ただけでした。

加藤　第二章のサンフランシスコ条約の不備を指摘したところでも、このお話は出ましたが、やはり、国籍条項を中心に見ていくと、国家としての日本の問題点が浮き彫りになりますね。司法は、いかにも問題ですね。

田中　同じようにわたしがかかわってきてまだまったく見通しが立たないものに、在日の無年金問題があります。前にお話ししたように、国民年金法にあった国籍条項は難民条約批准にともなって削除されましたが、必要な経過措置がとられなかったため、ある年齢以上の在日の障害者と高齢者は制度的に無年金者とされたままです。在日コリアンが京都・大阪・福岡で裁判を起こしましたが、京都と大阪は最高裁まで争って敗訴。福岡も地裁、高裁は敗訴で、いま上告中です(二〇一四年二月上告棄却)。ここでも国籍差別の追認判決が続いています。

無年金問題といえば、学生無年金訴訟がありました。学生と主婦は、かつて国民年金の加入が任意だったが、その後いずれも強制加入に変わった。任意加入の時代に未加入だったため障害者となっても障害年金が支給されなかった。そこで、強制加入に変わったときに、それまでの無年金を救済しないのは法の下の平等に反すると提訴した。二〇〇四年東京地裁、新潟地裁と相ついで原告勝訴となり、同年末、特別立法が制定されましたが、そこでも救済されたのは日本人の無年金障害者のみです。日本人は加入できたのに加入しなくて無年金になったが、外国人は「国籍条項」のために加入できなくて無年金になった。加入できたのに未加入で無年金になった日本人には救済判決が生まれ、立法にも結びつくけれど、国籍条項のために加入できず無年金となった外国人は敗訴判決続きで、立法も動かないのが現実です。

もうひとつ動かないのが、外国人の地方参政権問題です。在日コリアンの提訴について、一九九五年の最高裁判決は、外国人の地方参政権付与は憲法上禁止されておらず、その措置を講ずるかどうかは、立法政策にかかわる事柄であると判示しました。国会に法案も出たが、一三年たった今も成立していません。国会図書館調べによると、ＯＥＣＤ加盟三四ヵ国のうち、まったく認めていないのは日本だけです。ＯＥＣＤ加盟のアジアの国は日本と韓国ですが、韓国は二〇〇五年に法改正が実現し、すでに二回の投票実績があります。でも、日本では当分動きそうにありません。

戦後市民運動の成果と残された問い

内海　わたしは、日本の市民運動というのはいろいろ限界はあると思いますが、戦後補償や戦後責任の問題については、粘り強くやっていると思います。そこで生まれた運動のスタイルはこれからも大事に引き継いでいきたいし、そのなかでやってきたことをもっと広く伝えていけば、役に立つこともあると思いますね。

大沼　その通りですね。わたしはここ三〇年くらい、日本が戦後達成したことについては、もっと誇りを持っていいし、誇りを持つべきだと言いもし、書いてもきました。そうした戦後日本の達成点のひとつに、市民運動がメディアと組んでわずかではあれ社会を動かし、政府を動かし、国民を動かして在日韓国・朝鮮人への差別的な体制、意識をすこしずつ変えてきた、そうした事実があることを、日本の人も韓国や中国の人も、世界の人々が知るべきだし、知ってほしいと思います。

内海　わたしは、日本の戦後補償運動はある意味で憲法九条の運動だと表現しました。憲法九条をスローガンとして主張するのではなくて、その九条の内実を作ってきた市民運動があり、その一つが戦後補償運動であると思っている。それを見ると、戦争中に日本が何をして、戦後どういう運動をやり、今もやっているのかがわかる。運動はまだ終わっていないし、まだまだ終われない。BC級戦犯の問題を通して、あるいは軍人・軍属の問題やいわゆる元「慰安婦」の問題を通して、憲法第九条と言ったときに被害者の顔が浮かぶ。これは九条の実体化の運動であり、運動の「強み」です。言葉だけでなく「平和」を語っていけるということが。

大沼　その点はほんとうにそう思うし、その意味で自分たちがやってきた市民運動を誇りにも思うんですが、他方で半世紀近く市民運動に携わってきて、やれなかったこと、今にして思えばなんでできなかったのかと思うことなど、さまざまな反省、自己批判も山ほどありますよね。わたし自身はもともとは日本への思い入れの強い、ナショナリスティックな性向をもつ人間だと思うんです。ところが一九六〇年代末から七〇年代にかけての反入管闘争、ベトナム反戦運動、それから全共闘運動などの思想的衝撃を強く受けて、そこから若いうちに在日朝鮮人問題や戦争責任問題という重い問題に取り組んでしまった。そこから思想的にかなり先鋭化して、過度に倫理主義的なスタンスを強めることになってしまった。当初からその点の自覚はあって、八〇年代の初めから、「俗人の思想」ということを言ってはいたんです。ただそう言いながらも、ほんとうに自分の俗人性を運動に反映させて、いわば身の丈に合った運動を主張してきたかというと、どうもそうではなかった。そのために自分たちの主張や運動の広がりをさまたげた面があったかなあ、他人の独善性を批判しながら、自分自身ずいぶん独善的だったなあと、今にしてつくづく感じる部分があります。独善性というのは、わたし自身の市民運動のあり方を含めて、NGO、市民活動に携わる者がもっとも自戒すべきだと思います。

田中　わたしとしていちばん忸怩たるのは、二〇〇九年に法改正が行われて二〇一二年の七月に最終施行された外国人関係の二法――入管法と外国人登録法ですが、そのうち外登法のほうはそれ自体今回の改正で廃止されます――は、今回の改正でも大きな問題がいくつも残されているにもかかわらず、ほとんどそれについて有効な運動が組めなかったということです。つまり法律がほとんどそのまま通っちゃったということ。前に言ったとおり、六九年に出された入管法はそのときも含めて四回つぶれている。かつてはそれだけのエネルギーをもっていた市民運動が、今回はそれよりもっと大きな法改正なのに、有効な対応を講じることができずに、スルスルと通しちゃった。

内海　なぜ、通ってしまったのか。戦後補償運動がここまで闘ってきたのに……。その分析はどうなっていますか。わたしは当事者とのかかわりのなかから問題に取り組んでいくので、それは具体性があるという点では良いのですが、運動が狭くなる面もある。そこをどうやって共通の課題として広げていくのか、これはかなり努力したつもりですけれど、やはりなかなか広がりをもてないできたと、いま思っているところです。

大沼　田中さんは忸怩たる思いと言われたけれど、一九七〇年代から日本社会はそれなりに努力をしてきた。六〇年代までと比べると、アジアとのかかわりやアジアからの視線に対する感受性、日本のなかの少数者の権利の保障といった面ではかなりの改善はあったと思う。いま在日韓国・朝鮮人の運動というのは低調ですけれど、これは彼(彼女)らの法的状況がずいぶん改善され、かつてほど「差別」と感じることがなくなってしまい、なにか運動を起こしてまで変えなければならないという切実な思いが起こらない、という結果でもあるのではないですか。わたしが一九七九―八〇年に「在日朝鮮人の法的地位に関する一考察」で立法論、政策的提言として主張したものは、今日までその多くが実現されている。欧米先進国、中韓などの諸国と比べても、決して劣らない実績ではないでしょうか。

田中　その通りなんですけれど、わたしが忸怩たるものを感じたというのは、たとえば前の入管法反対闘争のときは、四回とも全部、市民運動がそれぞれの法案の新旧対照表をつくって徹底的に学習して何が問題かを指摘したのですよ。ところが今度の場合は、まだまだ多くの問題が残されているのにそういう動きがなかった。

たとえば些細なことのようですが、従来の外国人登録法のなかに住所移転の届け出義務違反というのがあって、二週間以内に届出をしない場合の罰則が定められていました。二週間以内というのは日本人と同じですが、日本人の場合には過料五万円以下です。過料はあやまち料ですから刑罰にならない。しかし外国人は、罰金二〇万円以下です。この二つの違い自体理不尽なものだったのですが、今度外登法がなくなって、外国人も日本人と同じく住民基本台帳のなかに入ったにもかかわらず、その二〇万円の罰金は、わざわざ入管法のなかに移し変えたんです。同じ住基に入っていても、こうやって差別する。立法府が法案をチェックする力も落ちているし、入管のなかの人も問題意識がないといわざるをえない。そういう問題をいくつも残したままの改正なのに、なにもできなかった。それが忸怩たるところなんです。外国人はしょせん「煮て食おうと焼いて食おうと自由だ」という雰囲気のなかでダラダラーといっちゃった。

加藤　内海さんは、運動が狭くなったと言われましたが、具体的にはどういう体験がございましたか。

内海　いわゆる戦後補償の裁判は九十数件あって、それぞれの裁判を支える市民運動があり弁護士がいて、調査研究をする人がいて、という大きな流れが九〇年代からずっとあった。そうやって個々の裁判をみんな一生懸命に支えた。それによって運動の深まりもあったと思います。それらの運動が全体として法案を作るなど具体的に政治を動かすような方向にはなかなか向かわなかった。裁判闘争が終息して、今度はその裁判の結果を議会に反映させていくためにどういうふうにみんなが協力していけばいいのか、その目配りがわたしには弱かったのですね。だから最高裁の付言判決で立法活動に入る場合も、個別の立法運動になってしまうんです。ただ、朝鮮人戦犯の多くが「捕虜虐待」の罪に問われているので、なぜ「捕虜虐待」が行われたのか、捕虜の側からこの問題を調べ考えたいと、今、「P・O・W(Prisoner of War)研究会」をつくって、調査をするとともに元捕虜の人たちとの交流も行っていて、これは、世界とつながる運動になっています。「会」のメンバーが、海外からの問いあわせに本当に一生懸命、応えています。

もうひとつは、韓国では政府の真相糾明委員会が調査報告書を三一冊出しているんです。韓国はずっとあとからこの問題に取り組むようになったんですけれど、こうした報告書をどんどん出していく。日本では、これに対応するような政府の動きを作れない。韓国の研究者に、政府がやらないから市民運動が頑張って調査をやっていますと言ったら、「それではだめです」と一言で言われました。政府が動くことによって出てくる公文書、そういうものが山のようにあるし、調査研究ももっと広がるはずだ、どうしてそういう方向に向けて運動をしないのですか、と。

大沼　自分のやり方を省みながら、日本の市民運動の限界ということを考えてみるんですが、運動をやっている人たちは、基本的に他者批判、他罰的な思考が強いのではないでしょうか。世の中がこうなっているのは政府が悪い、官僚が悪い、あるいは動かない政治家が悪い。それに対して自分は正義を背負っている。悪いのは「彼ら」の側なんだから、「彼ら」が変わるべきだ——そういう発想が強い。これまで各章で政府や裁判所をいろいろ批判してきたように、政府の側に多々問題があるのはその通りですが、それを言っているだけでは何も動かない。

自分がかかわった問題のなかでいちばん結果を出すことができたのはサハリン残留朝鮮人の韓国への永住帰還運動だと思うのですが、これは第四章でお話ししたように、原文兵衛と五十嵐広三という優れた二人の政治家に出会い、彼らを説得できたことが決定的な意味を持っていました。そしてこの二人から学んだいちばん大きなことは、物事をなしとげるためには、他者を責め批判するのではなくて、ひとつの目的のためにさまざまに異なった利害と意見を持っている人たちのいいところをまとめあげて実際に政府の政策を変えさせる力を創り出すことだということです。それが一九七〇年代から八〇年代前半までのわたしにはおそろしく欠けていた。わたしだけでなく多くの市民運動、NGOにも欠けていたし、いまも課題として残っているのではないでしょうか。

田中　昔の入管反対闘争のときのことを考えてみても、もっと中へ入り込んで、入管局次長の竹村照雄さんなんかとやりあっていたんですよね。今度はそういうことはできなかった。こちらの力もなかったかもしれないけど、法務省の官僚の側も昔と比べると幅が狭くなった感じがしますね。

今回の法改正では何もできなかったので、せめてこれだけはと思っていることがあります。アムネスティ（特赦）です。以前から不法残留で潜っている人たちみんなにこの機会に自首してもらって、そのうえで全員の滞在を認めるということです。どこの国もやっているみたいですが、日本はこれを一度もやったことがない。今回は、どうみたって日本の外国人管理法制上最大の改正が実行に移されるのですから、これを機にアムネスティをぜひやってほしいんです。不法残留者は今でも七―八万人にのぼるようです。

内海　自分たちがこれは重要だと問題に取り組むと結局は政治を動かさなければいけない、法律を変えなきゃいけない、法律を作らなければいけないとなったとき、どうしても必要なのは国会のなかでそれを担ってくれる議員です。市民運動は必然的に、市民の声を受けて国会のなかで動いてくれる議員とつながっていかなければならない。そうしないとわたしたちの思いが全然反映しない。それだけに市民運動の側も、たとえばこの課題は法務委員会にかかるのか、厚生労働委員会にかかるのか、法務委員会の委員はどこの党の誰であるかというようなことをおさえて、その人たちに「陳情」に行くというようなきめ細かなことをやっていかないと、的はずれなエネルギーを使うことになってしまう。市民運動の側が議員とどうつながって要求を実現していくのか、その具体的方法を書いたロビーイングのマニュアルというか手引きのようなものが必要になるのでこれをつくりたいとも思いました。この間の市民運動はこういうことをかなりやり始めていますね。

加藤　これは、現在の原発のことなどを考えるときに、非常に実践的で役立つご指摘だと思いました。市民の側と政治の側がお互いに対決しているだけでは何も生まれない。政治を動かすための市民的なシステムの作り方を、その時代時代で、次の世代に伝承していくことが大切ですね。この連続討議が広く読まれてほしい理由がここにもあります。

内海　最後にもう一つつけ加えると、いま植民地責任の問題が新しいテーマとなり、いろいろ動きが出始めていますね。二〇〇一年のダーバン会議（反人種主義・差別撤廃世界会議）で植民地支配が問題になったり、またオランダが去年（二〇一一年）、一九四七年のインドネシアのラワグデ村の虐殺の謝罪をしたりと、いわゆる植民地支配責任の問題で外が動いている。それをうけて日本が、二一世紀にこれまでの市民運動の積み重ねのなかでどういうふうに植民地支配の清算の問題を決着させていくのか、重要な課題だと思っています。

大沼　内海さんが言われたとおり、市民運動が具体的な成果を生み出すためにはどうしても、政治と結びつく必要がある。サハリンの問題はまさにそうでした。国会議員の方々に本気で動いてもらうため、連日議員会館に行って社会党だけでなく、自民党の「右派」議員の事務所に日参したことを鮮明に覚えています（正直、嫌な思いをずい分味わいましたから）。より正確にいえば、市民運動それ自体が政治なんですね。個人の権利を侵害する制度の改正とか、環境保護や女性が働きやすくなる新たな制度を立ち上げるといったことは、本気で目指すかぎり、政治にかかわらざるを得ない。そして政治にかかわって具体的な制度の改革までもっていくには、政府の批判だけやっていても、物事は一歩も進まない。政治家も力になってくれないし、官僚も理解してくれない。同じ考えを持つ仲間内でそうだそうだと盛り上げるのではなくて、ひとりひとりが新聞記者から政治家を紹介してもらったり、先輩の伝手をたどって官僚に会ってもらったりして、具体的に働きかけなければならない。

同時に、メディアに報道してもらえるように工夫をこらして問題を報じてもらうことで政治家や官僚に問題を理解してもらい、同時に彼らにプレッシャーをかけなければならない。そういった積み重ねをあきらめずにやって行く。そうした自覚を、市民運動やＮＧＯ活動をやっている人たち自身も、またそのまわりでものを書いて論陣を張っている人たちも、しっかりともってほしい。市民運動、ＮＧＯ活動というのは、決して「清く貧しく美しく」の純粋な世界ではなくて、結果を出してナンボの世界なんだという自覚、それが市民運動の可能性、有効性を大きく広げることにつながるのではないかと思います。すべてごくあたり前のことではあるんですが。最後に言っておきたいことはやはりそこですね。

あとがき

加藤陽子

対談や鼎談を読む面白さにはいろいろあろうが、本書の面白さとしては、さしあたり二点ほどが挙げられようか。ひとつ目は、大沼保昭氏、内海愛子氏、田中宏氏、これら三氏の異なる個性が出会うことから生まれる討議の妙(以下、三氏への敬称は省略する)。二つ目は、本書のテーマともなっている、東京裁判を含め戦争裁判がはらんでいた問題性、サンフランシスコ平和条約が戦後責任に与えたインパクト等につき、これらの主題に長く取り組んできた三氏によって問題の核心が明らかになってゆく臨場感と醍醐味にある。

それぞれの面白さにそって、一つ二つ例を挙げながら議論をふりかえっておこう。まずは、三様の異なる個性がぶつかる面白さ。読者は、序章「なぜ、いま、戦後責任を語るのか」の冒頭から、それを体験することとなる。なぜ、いま、戦後責任を語るのかという問いに対して、大沼は日本人のアイデンティティ再構築のためであると言えば、内海は、国の内と外、国境管理の法から今こそ日本を見つめ直したい、むしろ「なぜ、いまなお、戦後責任なのか」との問いがたてられるべきなのだと言う。田中はといえば、植民地帝国日本が遂行したアジアと太平洋における戦争が、当時にあって帝国臣民とされた朝鮮人・台湾人に強いた問題について、東西冷戦構造が崩壊し、経済のグローバル化が進展した今こそ見つめ直したいと語る。戦後責任に対する問題意識からして、実に豊かで多様なのだ。

個性の違いはユーモアをも生む。「平和に対する罪」の形成過程を、戦争違法観と指導者責任観から初めて体系的実証的に明らかにした国際法の権威でありながら同時に、情と理に篤く、「アジアに対する戦後責任を考える会」の主たる呼びかけ人を務め、サハリン残留朝鮮人の帰還問題等を解決に導いた大沼。だが大沼には瞬間湯沸器と称される側面があり、それは座談会などで筆耕された大沼発言の末尾に、「(笑)」ではなく「(怒)」が記されていること等からも知られる。その大沼が、韓国外務省幹部と激論になる場面が本書第四章に出てくる。いわく、「いままでは、韓国に早く帰せ、早く帰せとあれほど言っていたのに、その舌の根もかわかぬうちに、よくそういうこと〔サハリンからの帰還者を受け入れたら、中国延辺地区から帰還希望者が殺到するので対応に困るとの意、加藤要約〕が言えるなと、わたしは心の中で、こいつ殺してやろうかと思いましたよ。しかし、反論はしたけど、喧嘩はしませんでしたよ。……ほんとにわたしは我慢強い(笑)」(一七五頁)とユーモラスに語る大沼に対し、反入管闘争からの縁でサハリン残留朝鮮人問題にもともに取り組んできた内海、田中が「そうそう(笑)」と返す場面。

当然のことながら、この場にわたしも居あわせた。それはあたかも、才気煥発で喧嘩早い弟を、穏やかだが芯の強い姉(内海)と、穏やかだが危機の局面にめっぽう強い兄(田中)が、温かく見守っているという空気が流れた一瞬であり、ああ、この討議に交通整理役として加わることができてわたしは本当によかったと実感した瞬間だった。内海は、ＢＣ級戦犯とされた朝鮮人軍属の問題から、戦時性暴力、朝鮮人労働者の遺骨還送、捕虜の招聘プロジェクト等、多方面にわたる運動に長年取り組むとともに、運動と不可分のものとして、関連史料の編纂、日本軍の捕虜政策の本質を捉えた浩瀚な実証研究を積み重ねてきた。誰でも穏やかに包み込む内海の存在なくして運動の拡がりは期待できなかったろうし、芯の強さなくして小船で一五時間の波濤を越えてババル島虐殺事件のあった現場を尋ねることなどできまい（本書四一頁を参照）。

田中も寡黙で穏やかな人だが、解決不可能に見えた問題の本質を鋭く摑むや、堅牢な鉄壁を崩すに足る一穴をずばりと指させる人だ。日韓請求権経済協力協定によって処理済みとの立場は、日本政府が一貫してとってきた立場だった。しかし田中は、サハリン残留朝鮮人問題に取り組む過程で、日本問題こそが、政府の旧来のスタンスに風穴を開けうるものだと早くから理解して動いていた。在日朝鮮・韓国人の地位処遇問題、援護から除外されてきた戦争犠牲者の補償問題、花岡・西松両訴訟での和解獲得等に代表される田中の活動は、危機の局面になった時に発揮される田中の強さを物語るに足るだろう。田中の強みは、物事を真に公平に考えるとはいかなることなのか深く理解して動いている点にある。戦後長きにわたって朝鮮人・中国人の戦後補償問題にかかわってきたなどというと、まだそんなことをやっているのか、そのような暇があったらまずは自国民のことを考えるべきだとの排外主義的な論調もみられるようになってきた。そのようなときに田中が持ち出すのは、「日本人に対してはすでにどれだけの補償をやってきたか」という問いである。日本人遺族には最大時で年二兆円ほどの額が支払われていた（本書一八三頁）。この事実を知る日本人は少ないのではないか。

以上、三者の異なる個性が出会うことで生ずる面白さについて述べてきた。行論の関係上、大沼についてわたしは、国際法の正統を継ぐ学究ではあるが喧嘩早さが玉に瑕といったイメージでまずは描いたが、この描写は大沼の紹介として著しく不十分なものである。上野千鶴子氏が『生き延びるための思想』（二〇〇六年）で喝破したように、大沼には、政府と国民がともに公共性を担うべきであるとの確固とした理想がある。本書第五章で大沼自身が語っているように、思想とはインテリの頭の中にあるものではなく、実践の原理として血肉化していなければならず、「自分たちの力量と目の前の政治状況のなかで、実際にどれだけのものが勝ち取れるかによって測られるもの」（二〇〇五頁）に他ならない。大沼にとっての「政治」とは何なのか、運動が他罰性に陥らないためのリアリズムとは何なのか、それを行論や行間から読み取ってゆくのも、本書を読む醍醐味の一つとなるだろう。大沼は、政治とリアリズムへの深い理解に立ち、市民運動を展開した学究なのである。

次に、本書を読む面白さの二つ目に進みたい。東京裁判をはじめとする戦争裁判の問題性、サンフランシスコ平和条約が戦後責任に与えたインパクトにつき、これらの主題を長年追ってきた三者のみがなしうる総括に立ち会える醍醐味だ。第一章で、裁判研究の新しい動向に言及しつつ、それらの研究に足りない点は何かについてまずは考察されていて貴重である。国際法を自らのフィールドとする大沼と、歴史社会学を自らの立ち位置とする内海がともに、過度に傾斜した一次史料重視主義に警鐘を鳴らしていた点がわたしには印象深かった。

「一次史料を丹念に読むことさえすれば東京裁判や戦争責任の全貌が見えてくるはずだというような勘違いが、九〇年代以降の研究にあるのではないか」(四二頁)と大沼が言えば、「一次史料による実証研究が重要なことはもちろんですが、軍事裁判であるBC級戦犯裁判の場合、史・資料がどのように収集されたのか、されなかったのか、史料の背景も押さえておかなければならないことは痛感しています」(同頁)と内海がうける。当該分野の実証研究のお手本ともいいうる『戦争責任論序説』(一九七五年)、「在日朝鮮人の法的地位に関する一考察」(1)―(6)。『法学協会雑誌』第九六巻第三号、同巻第五号、同巻第八号、第九七巻第二号、同巻第三号、同巻第四号)を書いた大沼、『日本軍の捕虜政策』(二〇〇五年)を書き『東京裁判――性暴力関係資料』(二〇一一年)の編者の一人となった内海の発言であるだけに、重く受け止めるべきであろう。

同じく第一章では、日露戦争や第一次世界大戦で日本側がロシア人やドイツ人捕虜を丁重に扱った歴史を特筆して書くのではなく、むしろ、日本の戦争の歴史の中で捕虜の扱いに変化が生ずる理由は何なのかを問うべきであるとする田中の問題提起が重要である。内海もまた、戦後の中華民国政府が、日本政府との間で中国人労務者四万人を捕虜として認めるべきだとする交渉をおこなっていた点に言及している。日中戦争が宣戦布告を日中両国ともおこなわなかった特異な戦争であったこと、アメリカ中立法の発動を避けるためとして選択されたこの方式が、宣戦布告がなければ戦争ではない、したがって捕虜の虐待もありえない、との奇妙な理屈に転じてゆく奇怪さについて、わたしも『模索する一九三〇年代』(一九九三年)で考察したことがあった。本問題の深刻さについては、数値を挙げて示しておく。一九九三年に「発見」された外務省作成の「華人労務者就労事情調査報告書」のデータから田中は、中国人労務者約四万人のうち六八三〇人が死亡したことを割り出している。その死亡率一七%が、ソ連側の苛酷な捕虜取扱ぶりで悪名高いシベリア抑留での死亡率一〇%より高い事実を、わたしたちは忘れてはならないだろう。

それだけに、戦争裁判を考える際には、日本の侵略戦争の特質にまずは迫られなければならないとの立場から、一般市民への戦争犯罪の多さ、一般の戦争法違反や戦争犯罪について十分裁かれたとはいえない点こそが問題だったと述べる大沼の発言は重要なのだ。日本は戦後、東西冷戦という厳しい国際環境の中で、アメリカの手の中で甘やかされてきた。このような国際環境が極めて特殊なものであり、なおかつ当時の日本がたまたま高度経済成長期に重なっていたという二重の特殊性について、これまで日本人自身、十分には自覚してこなかったといえる。そう考えるとき、重要な国際関係文書中、日本側が歴史認識について反省的に言及していた初めてのケースが一九七二年の日中共同声明(「戦争を通じて中国国民に重大な損害を与えたことについての責任を痛感し、深く反省する」)だった、との田中の指摘は重い意味をもつ。

一九五一年九月八日に締結されたサンフランシスコ平和条約(日本国との平和条約)が五二年四月に発効して六二年たった。第二章で展開された鼎談に接してわたしが感じていたことは、自分がいかに同条約を知らないできたかという思いだった。同条約を考える際には、一九五〇年国籍法、五一年出入国管理令、五二年外国人登録法等、一連の入国管理法と同条約が密接不可分のものであると捉える必要があるというところから十分に理解していなかった。わたしたちは、いわゆる単独講和か全面講和かといった視角、すなわち、米ソによる東西対立の狭間にサンフランシスコ平和条約を位置づけるといった、日本が戦争の当事者であり、「講和」の当事者であることを忘れた傍観者・第三者的な立ち位置で同条約を眺めてはいなかったか。日本の侵略戦争の後始末のための平和条約だとの当事者としての認識を、わたしたちは決定的に欠いていたのではないか。

その上で討議は、二つの点からサンフランシスコ平和条約に迫っている。すなわち、①同条約が国籍条項を含んでいなかった理由、国籍選択権を旧植民地出身者に与えなかったのはなぜかという点、②同条約一一条「日本国は、極東国際軍事裁判所並びに日本国内及び国外の他の連合国戦争犯罪法廷の裁判を受諾し、且つ、日本国で拘禁されている日本国民にこれらの法廷が課した刑を執行するものとす……」、簡単に言えば、日本国民の刑の執行は日本国が引き受ける、という規定のはらむ問題、の二点である。

①について。アメリカ国立公文書館が所蔵する吉田茂書翰、当時の外務省条約局長西村熊雄からの聴き取り、六三年に公開された外務省条約局法規課「平和条約の締結に関する調書」などから現時点で判明しているのは、在日朝鮮人に国籍選択権を自動的に認めることはせず、国籍のいっせい離脱と帰化手続きをふませることで、治安維持・共産主義への対抗を強く意識していた日本国家に

よる選別の自由を確保する狙いがあった、ということだろう。

吉田茂首相は、在日朝鮮人の権利闘争を反共主義の立場から強く警戒し、彼(彼女)らに国籍選択権を与えようとしなかったばかりか、講和会議へ大韓民国を参加させることに強く反対し、そのスタンスは、植民地支配下にあった独立国が講和会議に影響力を及ぼすことの波及効果を恐れたイギリスによって支持された。アメリカは当初、大韓民国の招請を予定していた。しかし、中華人民共和国を招かないとするアメリカの意向に反発していたイギリス側の妥協を引き出すカードとしてアメリカは、韓国の不招請という点でイギリスの意を迎えることとし、吉田の路線はこうして英米の支持を受けることとなった。国際関係が複雑にからみあう裏面史が、鼎談において縦横無尽に語られており、この部分は本書の中で特にスリリングな部分となっている。

②について。サンフランシスコ平和条約の第一一条の規定は、日本国民への刑の執行は日本国が引き受けるという規定であり、それは、巣鴨プリズンにいる日本国民に対する規定であった。とすれば、日本国民でなくなった朝鮮人や台湾人は釈放されなければならなかった。しかし、現実には彼らの釈放はなかった。その理由と背景を自覚的に探った初めての研究者が内海に他ならない。八七頁以下で展開される新事実、内海によって一九九八年に発見された史料から判明する事実等、必読の価値がある。

第二章の議論の中でわたしにとって最も印象に残ったことの一つは、一九五二年四月になされた民事局長通達で国籍喪失の措置がとられたことにつき、六一年の最高裁判決がずさんな法理のもとに合憲としたその判決が今になっても覆されていない司法の異様さにつき、大沼がくりかえし問題としている部分であった。いま一つの部分は、国籍条項の問題を長いスパンで調査してきた田中によって指摘された部分である。占領当初、ＧＨＱの監視下で、船員保険法や厚生年金保険法の国籍条項が削除され、差別がなくなった。しかし、占領が終了し、日本の独立が回復された後、たとえば一九五九年の国民年金法、それ以降の児童手当三法などにおいては、すべて国籍条項による差別が見事といってよいほどに復活している、と指摘されている。ただし、第三章で論じられているように、一九七五年のベトナム難民の発生と主要国首脳会議の発足をうけて、日本が一九七九年には国際人権規約を批准、八一年には難民条約を批准するなどの過程をへて、九七年に制定された介護保険法では初めて当初から国籍条項は入れられなかったという。田中のような視角から法をチェックしていけば、たとえば、民主党政権下の二〇一〇年、議員立法で成立したシベリア特措法（戦後強制抑留者に係る問題に関する特別措置法）において、総務委員長提案で法案が出される際なぜ再び国籍条項が入れられたのか、そのように「問い」をたてて考える必要性が見えてくるはずだ。

本書が構想される原型にあたる、『世界』の連続討論に登場した方々のお話はすべて興味深いものだったが、わたしにとって最も印象に残ったのは、第二回「ＢＣ級戦犯裁判」（『世界』二〇〇三年二月号）に登場した井上ひさしの次の発言だった。「ＢＣ級裁判を考えた契機はいろいろありますが、書こうと考えたのは、牧野伸顕関係文書を読んだからでした。その中に、戦争責任を連合国から追及される前に、日本側でさっさと自主裁判をやってしまおうという緊急勅令があった」。戯曲を書く際の井上の周到な調査さは語り草となっているが、よもや牧野文書まで読んでいるとは思わなかった。

昭和戦前期にあって内大臣を最も長く務め、昭和天皇の信頼が最も篤かったといわれる牧野。宮中グループの中心的位置にあったのが牧野であった。吉田茂の岳父でもあった。その史料群から発見した文書が、一事不再理の原則をある意味悪用して、連合国側による裁判に先手を打とうとした日本側の動きを示すものであった点に、井上の並々ならぬ歴史眼の良さを感ずる。井上が発見した自主裁判構想がはらむ日本側の手前勝手な法解釈の問題性と、旧植民地出身者の国籍剥奪を民事局長通達でおこなう際、韓国や北朝鮮の国内法を参照することもなく、日本の旧戸籍を基準にして国籍離脱を実行したこととの問題性は、深いところで通底しているのだ。

あとがきを締めくくるにあたって、市民運動を政治とリアリズムの面から内省的に見てきた大沼が述べていたことを引いておきたい。先に、国籍選択権を日本政府が付与しなかった点につき、治安と統制に便利だという発想で日本政府が旧内務省の特高警察さながらの考えで動いていたことを書いた。そこで大沼は、「在日朝鮮人が日本国籍を剝奪されたとき、韓国政府も北朝鮮政府も、日本国民でさえなければいいという観念的・感情的ナショナリズムの立場から、結果的に日本政府による在日韓国・朝鮮人の権利制限の共犯者となったことも忘れてはならない」(九七頁)と述べている。

市民運動に理解があるとみられた革新政党や労働組合の方が、ある時期のある問題群に対しては、既存の考え方に手を縛られて有効な運動を展開できなかった歴史もまた、本書の中では率直に物語られている。本書には、政治家の名前もきちんと書かれている。サハリン問題解決に功のあった議員懇の五十嵐広三氏と原文兵衛氏。二〇〇〇年、在日の戦没者・戦傷者の補償を対象とした法律(平和条約国籍離脱者等である戦没者遺族等に対する弔慰金等の支給に関する法律)は、当時の内閣官房長官野中広務氏がいなければ実現しなかったであろうことを田中が書いている。中国人強制連行の花岡訴訟の和解に至る過程での社会党の土井たか子氏の役割も興味深い。総じて、誰が問題の解決に頑張ったのかについて、きちんと黒白をつけて書かれている。本書が、市民運動を真剣におこなおうと考えている人のための政治的「ロビーイング」の教科書たりえている点だろう。

同時代を同じように生きていても、国内政治のあり方や思潮、国際社会への眼差しや「空気」がいかなるものであったのか、それを自覚的に歴史的記憶として留めることができる人間は少数派なのだ。本書は、歴史的記憶として自らの運動と思想を語りうる三者がつどった、稀有な討議となっている。

関連文献等一覧

＊本書中で触れられた主な文献・映像作品等を 50 音順に掲げた．
＊本書の性格上，原則として初出時のデータを掲げた．

【文献】

アジア人こそ歴史の真の審判者　田中宏　『戦後責任』創刊号　1983 年
アジアを歩く 東南アジア篇　日本アジア・アフリカ作家会議編　文遊社　1978 年
穴にかくれて十四年――中国人俘虜劉連仁の記録　欧陽文彬/三好一訳　新読書社出版部　1959 年
あれから七年　飯塚浩二編　光文社　1953 年
慰安婦問題という問い――東大ゼミで「人間と歴史と社会」を考える　大沼保昭・岸俊光編　勁草書房　2007 年
「慰安婦」問題とは何だったのか――メディア・NGO・政府の功罪　大沼保昭　中公新書　2007 年
生き延びるための思想――ジェンダー平等の罠　上野千鶴子　岩波書店　2006 年
遺骨発掘 60 周年 八月行動の立ち位置　田中宏　『「中国人強制連行受難者聯誼会連合」を支える会通信』　2009 年
今なぜ戦後補償か　高木健一　講談社現代新書　2001 年
イワン・デニーソヴィチの一日　ソルジェニーツィン/木村浩訳　新潮社　1963 年
インドネシア現代史　増田与　中央公論社　1971 年
インドネシアにおける日本軍政の研究　早稲田大学大隈記念社会科学研究所編　紀伊國屋書店　1959 年
海と毒薬　遠藤周作　文藝春秋新社　1958 年
壁あつき部屋――巣鴨 BC 級戦犯の人生記　理論社理論編集部編　理論社　1953 年
神と人とのあいだ　木下順二　講談社　1972 年
「韓国技術研修生」受け入れ計画　内海愛子　『朝鮮研究』　1970 年
きけわだつみのこえ――日本戦歿学生の手記　日本戦歿学生手記編集委員会編　東大協同組合出版部　1949 年
キムはなぜ裁かれたのか――朝鮮人 BC 級戦犯の軌跡　内海愛子　朝日新聞出

版　2008年
教科書が教えない歴史　藤岡信勝・自由主義史観研究会　産経新聞ニュースサービス　1996年
草の墓標――中国人強制連行事件の記録　中国人強制連行事件資料編纂委員会編　新日本出版社　1964年
「経済援助」と「国民的合意」の意味　内海愛子　『朝鮮研究』 1972年
消せない記憶――湯浅軍医生体解剖の記録　湯浅謙〔述〕/吉開那津子〔著〕 日中出版　1981年
国際法学の再構築(上・下)　寺沢一ほか編　東京大学出版会　1977・78年
告発・入管体制　東大法共闘編　亜紀書房　1971年
国家悪――戦争責任は誰のものか　大熊信行　中央公論社　1957年
在日外国人 第三版　田中宏　岩波新書　2013年(初版は1991年)
在日韓国・朝鮮人の国籍と人権　大沼保昭　東信堂　2004年
在日朝鮮人――その差別と処遇の実態　佐藤勝巳編　同成社　1974年
在日朝鮮人の法的地位に関する一考察　大沼保昭『法学協会雑誌』1979-80年
サシとアジアと海世界――環境を守る知恵とシステム　村井吉敬　コモンズ　1998年
裁かれた戦争犯罪――イギリスの対日戦犯裁判　林博史　岩波書店　1998年
サハリン棄民――戦後責任の点景　大沼保昭　中公新書　1992年
サハリンの韓国人はなぜ帰れなかったのか　新井佐和子　草思社　1998年
サハリンへの旅　李恢成　『群像』1982年1月-1983年1月
三光――日本人の中国における戦争犯罪の告白　神吉晴夫編　光文社　1957年
時間　堀田善衛　新潮社　1955年
従軍慰安婦――"声なき女"八万人の告発　千田夏光　双葉社　1973年
自由人の声　日本放送協会編　刀江書院　1949年
勝者の裁き――戦争裁判・戦争責任とは何か　マイニア, リチャード／安藤仁介訳　福村出版　1972年
条約の国内適用可能性――いわゆる"SELF-EXECUTING"な条約に関する一考察　岩沢雄司　有斐閣　1985年
知られざる台湾――台湾独立運動家の叫び　林景明　三省堂　1970年
資料から見るサハリン棄民　大沼保昭　『季刊 青丘』14-16, 20　1992-94年
身世打鈴――在日朝鮮女性の半生　むくげの会編　東都書房　1972年
新版 単一民族社会の神話を超えて――在日韓国・朝鮮人と出入国管理体制　大沼保昭　東信堂　1993年

侵略──中国における日本戦犯の告白　中国帰還者連絡会・新読書社編　新読書社出版部　1958年
スガモプリズン──戦犯たちの平和運動　内海愛子　吉川弘文館　2004年
世紀の遺書　巣鴨遺書編纂会刊行事務所　1953年
戦艦大和ノ最期　吉田満　創元社　1952年
戦後補償から考える日本とアジア　内海愛子　山川出版社　2002年
戦後補償と国家の品格　大沼保昭　『諸君！』　1994年11月
戦争責任論序説　大沼保昭　東京大学出版会　1975年
戦中派の死生観　吉田満　文藝春秋　1980年
戦犯裁判の研究──戦犯裁判政策の形成から東京裁判・BC級裁判まで　林博史　勉誠出版　2010年
チボー家の人々　マルタンデュガール，ロジェ/山内義雄訳　白水社　1949年
中国人強制連行と西松和解の位置　田中宏　『JCLU Newsletter』　2009年
中国侵略の証言者たち──「認罪」の記録を読む　岡部牧夫，荻野富士夫，吉田裕編　岩波新書　2010年
中国の旅　本多勝一　朝日新聞社　1972年
中国の日本軍　本多勝一　創樹社　1972年
朝鮮人BC級戦犯の記録　内海愛子　勁草書房　1982年
徴兵制と近代日本──1868-1945　加藤陽子　吉川弘文館　1996年
東京裁判──性暴力関係資料　吉見義明監修，内海愛子・宇田川幸大・高橋茂人・土野瑞穂編　現代史料出版　2011年
東京裁判──第二次大戦後の法と正義の追求　戸谷由麻　みすず書房　2008年
東京裁判──捕虜関係資料(全3巻)　内海愛子・宇田川幸大・カプリオ，マーク編　現代史料出版　2012年
東京裁判から戦後責任の思想へ　大沼保昭　有信堂高文社　1985年
東京裁判，戦争責任，戦後責任　大沼保昭　東信堂　2007年
東京裁判の国際関係──国際政治における権力と規範　日暮吉延　木鐸社　2002年
東京裁判ハンドブック　東京裁判ハンドブック編集委員会編　青木書店　1989年
東京裁判　もう一つのニュルンベルク　ブラックマン，アーノルド・C/日暮吉延訳　時事通信社　1991年
東京裁判を問う　国際シンポジウム　細谷千博・安藤仁介・大沼保昭編　講談社学術文庫　1984年
ドキュメント朝鮮人──日本現代史の暗い影　藤島宇内監修　日本読書新聞編

日本読書新聞出版部　1965年
ドクトル・ジバゴ　パステルナーク，ボリス／原子林二郎訳　時事通信社　1959年
南進する日本資本主義　長洲一二『エコノミスト』1971年3月2日-10月5日
日朝条約への市民提言——歴史的責任の清算と平和のために　石坂浩一，田中宏，山田昭次ほか著　明石書店　2001年
日本軍の捕虜政策　内海愛子　青木書店　2005年
拝啓マッカーサー元帥様——占領下の日本人の手紙　袖井林二郎　大月書店　1985年
花岡事件——日本に俘虜となった中国人の手記　劉智渠〔述〕劉永鑫・陳蕚芳〔記〕　岩波書店　1995年
ババル島事件関係書類　武富登巳男編・解説　不二出版　1987年
BC級戦犯裁判　林博史　岩波新書　2005年
「ひとさし指の自由」のために　大沼保昭　『中央公論』　1984年8月
ファシズムと戦争(日本歴史シンポジウム21)　藤原彰編　学生社　1973年
フィリピンと対日戦犯裁判——1945-1953年　永井均　岩波書店　2010年
「文明の裁き」をこえて——対日戦犯裁判読解の試み　牛村圭　中央公論新社　2001年
ぼくらはアジアで戦争をした　内海愛子編　梨の木舎　1986年
待ちわびるハルモニたち——サハリンに残された韓国人と留守家族　高木健一編著　梨の木舎　1987年
満州事変から日中戦争へ(シリーズ日本近現代史⑤)　加藤陽子　岩波新書　2007年
夢の痂　井上ひさし　集英社　2007年
夢の裂け目　井上ひさし　小学館　2001年
夢の泪　井上ひさし　新潮社　2004年
私の見た東京裁判(上・下)(『裁きの庭に通い続けて』1986年を改題)　冨士信夫　講談社学術文庫　1988年
われ死ぬべしや——BC級戦犯の記録　亜紀書房編　亜紀書房　1952年

【映像作品】

ある告発　岡本愛彦監督／(プロデューサー)牛山純一／日本テレビ制作　1969年
蓋山西とその姉妹たち　班忠義監督／山上徹二郎・班忠義制作　2007年
壁あつき部屋　小林正樹監督／安部公房脚本／松竹配給　1956年

戦場のレイプ　シェリー・セイウェル監督／カナダ国立フィルム省　1996年
氷雪の門　村山三男監督／東映配給　1974年
忘れられた皇軍　大島渚・野口秀夫共同監督／大島・早坂暁共同脚本／日本テレビ制作　1963年
私は貝になりたい(テレビ版)　岡本愛彦演出／橋本忍脚本／ラジオ東京テレビ(KRT)　1958年
私は貝になりたい(映画版)　橋本忍監督・脚本／東宝配給　1959年

内海愛子

1941年生まれ．恵泉女学園大学名誉教授，大阪経済法科大学アジア太平洋研究センター特任教授．主な著書に『朝鮮人BC級戦犯の記録』(勁草書房，1982年)，『戦後補償から考える日本とアジア』(山川出版社，2002年)，『スガモプリズン——戦犯たちの平和運動』(吉川弘文館，2004年)，『キムはなぜ裁かれたのか——朝鮮人BC級戦犯の軌跡』(朝日新聞出版，2008年)などがある．

大沼保昭

1946年生まれ．明治大学法学部特任教授，東京大学名誉教授．国際法学専攻．主な著書に『戦争責任論序説』(東京大学出版会，1975年)，『単一民族社会の神話を超えて』(東信堂，1986年)，『サハリン棄民』(中公新書，1992年)，『国際法』(東信堂，2005年)，『東京裁判，戦争責任，戦後責任』(東信堂，2007年)，『「慰安婦」問題とは何だったのか』(中公新書，2007年)，『慰安婦問題という問い』(共編，勁草書房，2007年)，*A Trans-civilizational Perspective on International Law* (Martinus Nijhoff, 2010)などがある．

田中 宏

1937年生まれ．一橋大学名誉教授，大阪経済法科大学客員教授．主な著書に『在日外国人——法の壁，心の溝 第三版』(岩波新書，2013年)，『戦後60年を考える——補償裁判・国籍差別・歴史認識』(創史社，2005年)，『グローバル時代の日本社会と国籍』(明石書店，2007年)などがある．

加藤陽子

1960年生まれ．東京大学教授．日本近代史専攻．主な著書に，『徴兵制と近代日本——1868-1945』(吉川弘文館，1996年)，『戦争を読む』(勁草書房，2007年)，『満州事変から日中戦争へ』(岩波新書，2007年)，『それでも，日本人は「戦争」を選んだ』(朝日出版社，2009年)，『昭和天皇と戦争の世紀』(講談社，2011年)などがある．

戦後責任──アジアのまなざしに応えて

2014年6月5日　第1刷発行
2014年9月5日　第3刷発行

著者　内海愛子《うつみあいこ》　大沼保昭《おおぬまやすあき》
田中《たなか》　宏《ひろし》　加藤陽子《かとうようこ》

発行者　岡本　厚

発行所　株式会社　岩波書店
〒101-8002　東京都千代田区一ツ橋2-5-5
電話案内　03-5210-4000
http://www.iwanami.co.jp/

印刷・三秀舎　製本・松岳社

ISBN 978-4-00-025854-8　Printed in Japan